Daniel Morfeld

Regieren im Vielparteiensystem

Das Minderheitskabinett Kraft 2010-2012 in Nordrhein-Westfalen

GÖTTINGER JUNGE FORSCHUNG

Schriftenreihe des Göttinger Instituts für Demokratieforschung

Herausgegeben von Dr. Robert Lorenz und Dr. Matthias Micus

ISSN 2190-2305

17 *Michael Schlieben*
Politische Karrieren in der Bundesrepublik
Studien über Aufstieg und Scheitern
ISBN 978-3-8382-0517-5

18 *Jonas Rugenstein*
Nach der günstigen Gelegenheit
Die Entwicklung der LINKEN in Westdeutschland nach 2009
ISBN 978-3-8382-0528-1

19 *Benjamin Seifert*
Reformoptimismus und Bürgerwut
Das Volksbegehren gegen die "kooperative Schule" in Nordrhein-Westfalen
ISBN 978-3-8382-0555-7

20 *Sören Messinger, Yvonne Wypchol*
Moderne CDU?
Programmatischer Wandel in der Schul- und Familienpolitik
ISBN 978-3-8382-0536-6

21 *Christoph Hoeft*
Narration in der Krise
Zum Wandel des sozialdemokratischen Wohlfahrtsstaatsdiskurses in Schweden
ISBN 978-3-8382-0523-6

22 *Christian Werwath*
Der niedersächsische Ministerpräsident Ernst Albrecht (1976-1990)
Annäherung an einen Unnahbaren
Politische Führung in Niedersachsen
ISBN 978-3-8382-0704-9

Göttinger Institut
für Demokratieforschung

Daniel Morfeld

REGIEREN IM VIELPARTEIENSYSTEM

Das Minderheitskabinett Kraft 2010-2012
in Nordrhein-Westfalen

ibidem-Verlag
Stuttgart

Bibliografische Information der Deutschen Nationalbibliothek
Die Deutsche Nationalbibliothek verzeichnet diese Publikation in der Deutschen Nationalbibliografie; detaillierte bibliografische Daten sind im Internet über http://dnb.d-nb.de abrufbar.

Bibliographic information published by the Deutsche Nationalbibliothek
Die Deutsche Nationalbibliothek lists this publication in the Deutsche Nationalbibliografie; detailed bibliographic data are available in the Internet at http://dnb.d-nb.de.

Coverabbildung: Unterzeichnung des Koalitionsvertrages zwischen NRWSPD und Bündnis 90 / Die Grünen am 12.07.2010. © NRWSPD.
Abdruck mit freundlicher Genehmigung.

∞

Gedruckt auf alterungsbeständigem, säurefreien Papier
Printed on acid-free paper

ISSN: 2190-2305

ISBN-13: 978-3-8382-0742-1

Printed in Germany

Inhalt

Vorwort: ein parlamentarisches Experiment **9**
Göttinger Junge Forschung 10

1. Einleitung **15**
1.1 Die Minderheits-Ministerpräsidentin: zur Relevanz des Themas 15
1.2 Minderheitsregierungen in Deutschland: zum Forschungsstand 19
1.3 Theoretisches Setting: historischer und akteurzentrierter Institutionalismus 25
1.4 Zum Aufbau der Arbeit 30

2. Minderheitskabinette im nordrhein-westfälischen Regierungssystem: Verfassungsrecht und Verfahrensregeln **33**
2.1 Die Investitur des Ministerpräsidenten 34
2.2 Positionale Vorteile: zur mittigen Lage von Minderheitsregierungen 37
2.3 Ausschusswesen: „probably the most important feature favoring minority governments" 44
2.4 Minderheitsregierungen und Agendasetzermacht 47
2.5 Die Vorteile des Verwaltungshandelns 50
2.6 Das Landesverfassungsgericht als Vetospieler 52
2.7 Opposition und Minderheitsregierungen: Interaktionen und Zwangslagen 56

3. Die Gesetzgebung der Minderheitsregierung 2010 bis 2012 **63**
3.1 Die oppositionelle Unterstützung der Minderheitsregierung 63

3.2 Gesetzgebung, Änderungen und Ausschüsse 67
3.3 Die Performanz des Minderheitskabinetts 2010 bis 2012 im Vergleich zu den Vorgängerregierungen 70

4. Die Einsetzung der rot-grünen Minderheitsregierung 75
4.1 Historische und politisch-kulturelle Determinanten der Regierungsbildung 75
4.2 Die Einsetzung der rot-grünen Minderheitsregierung 2010: Bestimmungsfaktoren 81
4.2.1 Nach dem 14. Mai 2010: Pattsituation im Landtag 81
4.2.2 Geschäftsführendes Minderheitskabinett und Regieren aus der Opposition heraus 84
4.2.3 Die Formierung der rot-grünen Minderheitsregierung 86

5. Entscheidungsfindung im Konsens: der Schulkompromiss von SPD, Grünen und CDU 91
5.1 Konsensuale Entscheidungsfindung und Interaktionsformen 91
5.2 Schulpolitik im deutschen Föderalismus und die schulpolitischen Vorhaben der rot-grünen Minderheitsregierung 92
5.3 Die Bevölkerung als Vetomacht: gesellschaftliche Rahmenbedingungen in der Schulpolitik 95
5.4 Das Scheitern des Schulversuchs 99
5.5 Der Schulkonsens von SPD, Grünen und CDU 101
5.5.1 Ausgangslage 101
5.5.2 Der realisierte Schulkonsens: eine (un-)mögliche Lösung 103
5.5.3 Die Aushandlung des Schulkonsenses 105

6. Unilaterale Entscheidungsfindung und Agendasetzermacht: Haushaltsgesetz 2011 **115**
6.1 Unilaterale Entscheidungsfindung und Interaktionsformen 115
6.2 Vorbedingungen: der Nachtragshaushalt 2010 und das Urteil des Landesverfassungsgerichtes 119
6.3 Haushalt 2011 123
6.3.1 Ausgangslagen 123
6.3.2 Haushalt 2011: Gesetzgebung und Agendasetzermacht 125

7. Haushaltsgesetz 2012: das Scheitern der Minderheitsregierung **133**
7.1 Vorbedingungen und Interaktionsformen 133
7.2 Strategien und Parteipositionen 135
7.2.1 Strategien 135
7.2.2 Parteipositionen 138
7.3 Das Scheitern der Minderheitsregierung 141

8. Zusammenfassung und Ausblick **145**

Literatur- und Quellenverzeichnis **151**
Literatur 151
Onlinequellen 159
Gerichtsurteile 161
Koalitionsverträge und Wahlprogramme 162
Landtagsdokumente 162
Ausschussprotokolle 162
Gesetzentwürfe und Entschließungsanträge 163
Plenarprotokolle 164

Anhang **165**
Liste der als Schlüsselentscheidungen eingestuften Gesetze 165

Vorwort: ein parlamentarisches Experiment

Robert Lorenz / Matthias Micus

Die vorliegende Studie befasst sich mit einem nach wie vor stark unterbelichteten Aspekt der Politikwissenschaft, nämlich der Konstituierung und Funktion von Minderheitskabinetten in parlamentarischen Repräsentativdemokratien wie u.a. der Bundesrepublik. Mit einem Phänomen, von dem weitgehend einhellig gesagt wird, dass es ein Krisenindiz und eine Quelle von Instabilität sei. Sind Minderheitsregierungen in der Geschichte der Bundesrepublik bislang in der Tat äußerst selten und zumeist bloß von kurzer Dauer gewesen, so lässt die einstweilen vorangeschrittene Ausdifferenzierung des Parteiensystems – von welcher plakativ in den letzten Jahren DIE LINKE, die Piratenpartei und die AfD zeugten – eine Renaissance dieses Regierungsmodells zumindest nicht unwahrscheinlich erscheinen. Denn die Schwierigkeiten, die nach Urnengängen mit der Koalitionsbildung verbunden sind, haben in der Zeit nach dem altgedienten Drei- bis Vierparteiensystem beträchtlich zugenommen.

Umso dringender stellt sich die Frage nach der Krisenresistenz von Minderheitsregierungen. Daniel Morfeld stellt die Hypothese in den Raum, dass die zeitweilige Stabilität des rot-grünen Minderheitskabinetts in Nordrhein-Westfalen in den Jahren 2010 bis 2012 weniger dem eigenen Geschick zu verdanken war als dem Interesse der Oppositionsfraktionen, Neuwahlen zu vermeiden. Als Untersuchungsmethode entscheidet er sich für den akteurzentrierten Institutionalismus, der sich zwar einerseits auf die politischen Akteure konzentriert, andererseits aber auch äußere Einflüsse berücksichtigt, die Handelnden also von ihrem Kontext bedingt sieht, etwa den institutionellen Rahmenbedingungen und der gesellschaftlichen Umwelt. Mit der Einsetzung der Regierung, dem Schulkompromiss und den beiden Haushalten 2011 sowie 2012 entfaltet der Autor seine

Argumentation entlang von vier konkreten Fallbeispielen des teils wechselseitigen Regierungs- und Oppositionshandelns.

Darüber hinaus erfährt man auch etwas über die Ursachen, die dem letztlichen Scheitern des originellen Experiments zugrunde lagen. Neben der zentralen Frage nach der potenziellen Bestandskraft von Minderheitsregierungen und den hierfür relevanten Faktoren ist dies noch aus einem anderen Grund bedeutsam: Schließlich handelt es sich bei der betreffenden Ministerpräsidentin Hannelore Kraft um ein erklärungsbedürftiges Phänomen der jüngsten Politikgeschichte: Erstens führte sie rund zwei Jahre lang eine Minderheitskoalition im bevölkerungsreichsten Bundesland; und zweitens erlebte sie binnen kurzer Zeit einen fulminanten Aufstieg von einer einfachen Landtagsabgeordneten zur Ministerpräsidentin und zu einer SPD-Persönlichkeit, der für die nahe Zukunft sogar die Kanzlerschaft zugetraut wird. Zusätzlich zum generellen Komplex von Minderheitsregierungen trifft Morfelds Arbeit auch Aussagen, die hilfreich sind für die Analyse und Bewertung dieser zeitgenössisch bedeutsamen Politikkarriere.

Göttinger Junge Forschung

„Göttinger Junge Forschung", unter diesem Titel firmiert eine Publikationsreihe des *Institutes für Demokratieforschung*, das am 1. März 2010 an der *Georg-August-Universität Göttingen* gegründet worden ist. Göttinger Junge Forschung verfolgt drei Anliegen: Erstens ist sie ein Versuch, jungen Nachwuchswissenschaftlern ein Forum zu geben, auf dem diese sich meinungsfreudig und ausdrucksstark der wissenschaftlichen wie auch außeruniversitären Öffentlichkeit präsentieren können. Damit soll erreicht werden, dass sie sich in einem vergleichsweise frühen Stadium ihrer Laufbahn der Kritik der Forschungsgemeinde stellen und dabei im Mut zu pointierten Formulierungen und Thesen bestärkt werden.

Zweitens liegt ein weiterer Schwerpunkt auf der Sprache. Die Klagen über die mangelnde Fähigkeit der Sozialwissenschaften, sich verständlich und originell auszudrücken, sind Legion. So sei der alleinige Fokus auf Forschungsstandards „problematisch" im Hinblick auf eine „potentiell einhergehende Geringschätzung der Lehr- und der Öffentlichkeitsfunktion der Politikwissenschaft", durch die „Forschungserkenntnisse der Politikwissenschaft zu einem Arkanwissen werden, das von den Experten in den Nachbarfächern und den Adressaten der Politikberatung, aber kaum mehr vom Publikum der Staatsbürgergesellschaft wahrgenommen wird, geschweige denn verstanden werden kann".[1] Viel zu häufig schotte sich die Wissenschaft durch „die Kunst des unverständlichen Schreibens"[2] vom Laienpublikum ab.

Mitnichten soll an dieser Stelle behauptet werden, dass die Texte der Reihe den Anspruch auf verständliche und zugleich genussreiche Sprache mit Leichtigkeit erfüllen. Vielmehr soll es an dieser Stelle um das Bewusstsein für Sprache gehen, den Willen, die Forschungsergebnisse auch mit einer angemessenen literarischen Ausdrucksweise zu würdigen und ihre Reichweite – und damit Nützlichkeit – soweit zu erhöhen, wie dies ohne Abstriche für den wissenschaftlichen Gehalt möglich erscheint. Anstatt darunter zu leiden, kann sich die Erkenntniskraft sogar erhöhen, wenn sich die Autoren über die Niederschrift eingehende Gedanken machen, dabei womöglich den einen oder anderen Aspekt noch einmal gründlich reflektieren, die Argumentation glätten, auf abschreckende Wortungetüme, unnötig komplizierte Satzkonstruktionen und langweilige Passagen aufmerksam werden[3] – insgesamt auf einen Wissenschaftsjargon verzichten, wo dies zur Klarheit nicht erforderlich ist. Denn es besteht durchaus die Möglichkeit, einen wissenschaftlichen Text weder zu simplifizieren noch zu verkomplizieren, selbst unter der Berücksichtigung, dass die schwere Verständlichkeit

1 Bleek, Wilhelm: Geschichte der Politikwissenschaft in Deutschland, München 2001, S. 453 f.

2 Zetzsche, Indre (Hrsg.): Wissenschaftskommunikation. Streifzüge durch ein ‚neues Feld', Bonn 2004, S. 115.

3 Zur stimulierenden Wirkung der „detaillierte[n] Schilderung eines individuellen Falles": Aydelotte, William O.: Qunatifizierung in der Geschichtswissenschaft, in: Wehler, Hans-Ulrich (Hrsg.): Geschichte und Soziologie, Königstein im Taunus 1984, S. 259-282, hier S. 275.

von Wissenschaft aufgrund unvermeidlicher Fachbegriffe vermutlich unausbleiblich ist.[4]

Dies sollte jedoch nicht die Bereitschaft mindern, den Erkenntnistransfer via Sprache zumindest zu versuchen. In der allgemeinverständlichen Expertise sah der österreichische Universalgelehrte Otto Neurath sogar eine unentbehrliche Voraussetzung für die Demokratie, für die Kontrolle von Experten und Politik. Neurath nannte das die „Kooperation zwischen dem Mann von der Straße und dem wissenschaftlichen Experten“[5], aus der sich die Fähigkeit des demokratisch mündigen Bürgers ergebe, sich ein eigenes, wohlinformiertes Urteil über die Geschehnisse der Politik zu bilden. Dass in diesem Bereich ein Defizit der Politikwissenschaft besteht, lässt sich, wie gezeigt, immer häufiger und dringlicher vernehmen. Ein Konsens der Kritiker besteht in dem Plädoyer für eine verstärkte Vermittlung wissenschaftlicher Erkenntnisse in eine interessierte Öffentlichkeit. Hierzu müsse man „Laien dafür interessieren und faszinieren können, was die Wissenschaftler umtreibt und welche Ergebnisse diese Umtriebigkeit hervorbringt“, weshalb „komplexe wissenschaftliche Verfahren und Sachverhalte für Fachfremde und Laien anschaulich und verständlich“ dargestellt werden sollten.[6]

Der Sprache einen ähnlichen Stellenwert für die Qualität einer Studie einzuräumen wie den Forschungsresultaten, mag sich auf den ersten Blick übertrieben anhören. Und wie die amerikanische Historikerin Barbara Tuchman zu berichten weiß, ist dies zumeist „mühselig, langsam, oft schmerzlich und manchmal eine Qual“, denn es „bedeutet ändern, überarbeiten, erweitern, kürzen, umschreiben“.[7] Doch eröffnet dieser Schritt die Chance, über die engen Grenzen des Campus hinaus Aufmerk-

4 Vgl. auch den Appell von Mittelstrass, Jürgen: Trough a glass darkly: on the enigmatic nature of science, in: Kriterion, Jg. 23 (2010), S. 1-4.

5 Zitiert nach Sandner, Günther: Demokratisierung des Wissens. Otto Neuraths politisches Projekt, in: Österreichische Zeitschrift für Politikwissenschaft, Jg. 38 (2009) H. 2, S. 231-248, hier S. 242.

6 Kürten, Ludwig: Verständigung will gelernt sein, in: Zetzsche (Hrsg.) 2004, S. 83-86, hier S. 84.

7 Tuchman, Barbara: In Geschichte denken, Frankfurt am Main 1984, S. 27.

samkeit für die Arbeit zu erregen und zudem auch die Qualität und Überzeugungskraft der Argumentation zu verbessern. Kurzum: Abwechslungsreiche und farbige Formulierungen, sorgsam gestreute Metaphern und Anekdoten oder raffiniert herbeigeführte Spannungsbögen müssen nicht gleich die Ernsthaftigkeit und den Erkenntniswert einer wissenschaftlichen Studie schmälern, sondern können sich für die Leserschaft wie auch für die Wissenschaft als Gewinn erweisen.

In den Bänden der Göttingen Jungen Forschung versuchen die Autoren deshalb sowohl nachzuweisen, dass sie die Standards und Techniken wissenschaftlichen Arbeitens beherrschen, als auch eine anregende Lektüre zu bieten. Wie gesagt, mag dies nicht auf Anhieb gelingen. Doch Schreiben, davon sind wir überzeugt, lernt man nur durch die Praxis des Schreibens, somit durch frühzeitiges Publizieren. Insofern strebt die Reihe keineswegs perfektionistisch, sondern perspektivisch die Förderung von Schreib- und Vermittlungstalenten noch während der wissenschaftlichen Ausbildungsphase an.

Freilich soll bei alldem keinesfalls der inhaltliche Gehalt der Studien vernachlässigt werden. Es soll hier nicht ausschließlich um die zuletzt von immer mehr Verlagen praktizierte Maxime gehen, demnach Examensarbeiten nahezu unterschiedslos zu schade sind, um in der sprichwörtlichen Schublade des Gutachters zu verstauben. Die Studien der Reihe sollen vielmehr, drittens, bislang unterbelichtete Themen aufgreifen oder bei hinlänglich bekannten Untersuchungsobjekten neue Akzente setzen, sodass sie nicht nur für die Publikationsliste des Autors, sondern auch für die Forschung eine Bereicherung darstellen. Das thematische Spektrum ist dabei weit gesteckt: von Verschiebungen in der Gesellschaftstektonik über Anatomien von Parteien oder Bewegungen bis hin zu politischen Biografien.

Eine Gemeinsamkeit findet sich dann allerdings doch: Die Studien sollen Momenten nachspüren, in denen politisches Führungsvermögen urplötzlich ungeahnte Gestaltungsmacht entfalten kann, in denen politische Akteure Gelegenheiten wittern, die sie vermittels Instinkt und Weitsicht, Chuzpe, Entschlusskraft und Verhandlungsgeschick zu nutzen verstehen, kurz: in denen der Machtwille und die politische Tatkraft einzelner Akteure den Geschichtsfluss umzuleiten und neue Realitäten zu schaffen vermögen. Anhand von Fallbeispielen sollen Möglichkeiten und Grenzen, biografische Hintergründe und Erfolgsindikatoren politischer Führung untersucht werden. Kulturelle Phänomene, wie bspw. die Formierung, Gestalt und Wirkung gesellschaftlicher Generationen, werden daher ebenso Thema sein, wie klassische Organisationsstudien aus dem Bereich der Parteien- und Verbändeforschung.

Was die Methodik anbelangt, so ist die Reihe offen für vielerlei Ansätze. Um das für komplexe Probleme charakteristische Zusammenspiel multipler Faktoren (Person, Institution und Umfeld) zu analysieren und die internen Prozesse eines Systems zu verstehen, darüber hinaus der Unberechenbarkeit menschlichen, zumal politischen Handelns und der Macht des Zufalls gerecht zu werden,[8] erlaubt sie ihren Autoren forschungspragmatische Offenheit. Jedenfalls: Am Ende soll die Göttinger Junge Forschung mit Gewinn und – im Idealfall – auch mit Freude gelesen werden.

8 Zur Kritik an der unterstellten Rationalität von Verhalten bzw. der unberücksichtigten Irrationalität vgl. Abromeit, Heidrun: Gesellschaften ohne Alternativen. Zur Zukunftsfähigkeit kapitalistischer Demokratien, Working Paper des Instituts für Politikwissenschaft der Technischen Universität Darmstadt, Nr. 11/2007, S. 5 f.; Bellers, Jürgen: Methoden der Sozialwissenschaften: Kritik und Alternativen, Siegen 2005, S. 164; Lepsius, M. Rainer: Zum Verhältnis von Geschichtswissenschaft und Soziologie, in: Baumgartner, Hans Michael/Rüsen, Jörn (Hrsg.): Seminar: Geschichte und Theorie. Umrisse einer Historik, Frankfurt am Main 1976, S. 118-138, hier S. 127.

1. Einleitung

1.1 Die Minderheits-Ministerpräsidentin: zur Relevanz des Themas

Am Tag ihrer Wahl trägt Hannelore Kraft einen blauen Hosenanzug mit eingearbeitetem Blumenmuster. Beobachter der Landtagssitzung sehen eine zuversichtliche, ja entspannte Hannelore Kraft, vor, während und nach den Abstimmungen, die sie zur Ministerpräsidentin des Landes Nordrhein-Westfalen machen sollten. Und tatsächlich: An jenem durchaus historischen 14. Juli 2010 wird sie vom Düsseldorfer Landtag zur Ministerpräsidentin gewählt – in der NRW-Historie als erste Frau in diesem Amt und als erste, die die Legislaturperiode mit einer Minderheitsregierung antritt. Dreimal zuvor war in der Geschichte des Landes Nordrhein-Westfalen eine Minderheitsregierung im Amt, keine davon jedoch länger als zwei Monate: 1950 bildete Karl Arnold (CDU) übergangsweise eine Minderheitsregierung, um daraufhin mit der Zentrumspartei zu koalieren; als die FDP-Minister sein Kabinett verließen, führte 1966 auch Ministerpräsident Franz Meyers (CDU) eine Minderheitsregierung und 1995 war ein SPD-geführtes Minderheitskabinett geschäftsführend im Amt, bis es kurz darauf zum ersten Bündnis der Landesgeschichte mit den Grünen kam.[1]

Doch erst die Formierung der rot-grünen Regierung 2010 war von ihrem Ursprung an als Minderheitsregierung geplant gewesen, ohne auf die spätere Bildung einer Mehrheitskoalition abzuzielen. Es sollte eine Koalition der Einladung an die Opposition werden, um die zur absoluten Mehrheit fehlende Stimme auszugleichen. „Eine Minderheitsregierung", hieß es seinerzeit im Koalitionsvertrag von SPD und Grünen, „muss sich stärker öffnen für den politischen und demokratischen Dialog, muss kompromissbereit sein und lernfähig. Wir verpflichten uns, in

---

1 Siehe hierzu und für weitere Beispiele aus anderen Bundesländern: http://www.spiegel.de/politik/deutschland/minderheitsregierung-das-duesseldorfer-wackel-modell-a-701480.html (21. Oktober 2013).

allen Sachfragen gemeinsam auf mögliche Partnerinnen und Partner zuzugehen und nach Mehrheiten für eine soziale und ökologische Politik zu suchen." Und: „Wir wollen keine Übergangslösung, die unweigerlich zu schnellen Neuwahlen führt – wir wollen eine stabile, dauerhafte und handlungsfähige Landesregierung."[2]

Zwanzig Monate später, am 14. März 2012, ist das Schicksal von Krafts Minderheitskabinett besiegelt. Im Landtag sitzt Hannelore Kraft neben ihrer Stellvertreterin und Schulministerin, Sylvia Löhrmann, sie trägt diesmal einen hellblauen Anzug und stimmt mit skeptischem Blick für die Auflösung des Landtags. Nachdem das Haushaltsgesetz für 2012 im Parlament keine Mehrheit gefunden hat, wird der Landtag aufgelöst mit dem Ziel, binnen sechzig Tagen Neuwahlen herbeizuführen. Es ist dies ein einmaliger Vorgang in der Geschichte des Landes, noch nie zuvor hat der Landtag von seinem Recht auf Selbstauflösung nach Art. 35 der Landesverfassung NRW (NRW-LV) Gebrauch gemacht. Die erste originäre und dauerhaft angelegte Minderheitsregierung in Nordrhein-Westfalen und zugleich die erste seit dem „Magdeburger Modell" in Sachsen-Anhalt unter Reinhard Höppner (SPD), der von 1994 bis 2002 eine Regierung ohne parlamentarische Mehrheit über zwei volle Legislaturperioden im Amt hielt, ist gescheitert. Noch bevor es zur namentlichen Abstimmung im Landtag kommt, dankt Kraft ihren Kolleginnen und Kollegen der Regierungsfraktionen, aber auch den Abgeordneten der Opposition dafür, „dass wir in den knapp zwei Jahren etwas vorangebracht haben, woran am Anfang niemand geglaubt hat und was – davon bin ich zutiefst überzeugt – der Demokratie in diesem Land gutgetan hat"[3]. Krafts Worte, sie klingen nach Entschuldigung und zugleich nach Rechtfertigung, das Wagnis einer Minderheitsregierung eingegangen zu sein.

Aus statistischer Sicht ist einem Minderheitskabinett in der Tat weniger Stabilität beschieden als einer Mehrheitsregierung. Es ist zwangsläufig auf oppositionelle Unterstützung angewie-

---

2 NRW-SPD/Bündnis 90-Die Grünen NRW: Nordrhein Westfalen 2010-2105: Zusammen für NRW, Düsseldorf 2010, S. 4

3 Landtag Nordrhein-Westfalen: 57. Plenarsitzung, 14. März 2012, Plenarprotokoll 15/57, S. 5716.

sen, sodass ein weiterer Vetospieler ins politische Spiel eingeführt wird. In den räumlichen Modellen der Vetospieler-Theorie[4] verkleinert sich so die Schnittmenge, in der eine Entscheidung der beteiligten Akteure möglich ist, und die Entscheidungsfindung kompliziert sich. Aus theoretischer Perspektive und auch empirisch nachweisbar sind Minderheitsregierungen instabiler als Mehrheitskabinette. In den umfassenden Analysen Paul Warwicks[5] hat der Mehrheitsstatus unter allen Determinanten die größte Bedeutung für die Kabinettsstabilität; und Jaeckle schätzt, dass die Wahrscheinlichkeit des vorzeitigen Scheiterns von Minderheitsregierungen um 35 Prozent größer ist als die von Mehrheitskabinetten.[6] Gleichwohl sind Statistiken zur Lebensdauer von Minderheitsregierungen insofern verzerrt, als manche Minderheitsregierungen als dezidierte Übergangsregierungen angelegt werden und ihre vorzeitige Terminierung folglich a priori feststeht.[7] Zudem liegt es in der Natur probabilistischer Statistiken, über den Einzelfall nur wenig aussagen zu können. Möchte man also eine verlässliche Aussage über den Zusammenhang von Minderheitsstatus und Stabilität bzw. Zerbrechlichkeit einer Regierung treffen können, dann sind Einzelfallstudien wie die vorliegende notwendig, wird in diesen doch ein möglichst umfassendes Spektrum erklärender Variablen berücksichtigt. Dies wiederum hat allerdings zur Folge, dass sich Aussagen und Erkenntnisse einer Einzelfallstudie nur sehr bedingt zur größeren Generalisierung eignen.

Nach dem frühen Ende der rot-grünen Koalition in Nordrhein-Westfalen erklärte Hermann Gröhe, damals CDU-Generalsekretär, das „Minderheitsexperiment" für „grandios gescheitert".[8] Mit Blick auf die bevorstehende Neuwahl des Land-

4 Vgl. Tsebelis, George: Tsebelis, George: Veto Players. How Political Institutions Work, New York/New Haven 2002.

5 Warwick, Paul V.: Government Survival in Parliamentary Democracies, Cambridge 1994, S. 36.

6 Jaeckle, Sebastian: Determinanten der Regierungsbeständigkeit in parlamentarischen Regierungssystemen, Diss., Freiburg 2010, S. 127.

7 Powell, G. Bingham: Contemporary democracies: Participation, stability and violence, Cambridge 1982, S. 146-147.

8 Die Reaktion Hermann Gröhes ist zitiert nach: http://www.spiegel.de/politik/deutschland/reaktionen-auf-die-neuwahlen-in-nordrhein-westfalen-a-821388.html (9. November 2012).

tags und vor dem Hintergrund einer von Medien ausgeleuchteten Wettbewerbsdemokratie ist Gröhes Reaktion freilich verständlich, ebenso Hannelore Krafts Rede vor dem Landtag. Tatsächlich aber schaffte das Kabinett Kraft in seiner fast zwei Jahre währenden Legislaturperiode, die fehlende Stimme durch wechselnde Mehrheiten auszugleichen: Die Wahl Krafts zur Ministerpräsidentin wurde durch die Linkspartei ermöglicht; der Nachtragshaushalt 2010 und der Haushalt 2011 wurden mit ihrer Hilfe durch das Parlament gebracht. Die Reform der Schulstruktur in Nordrhein-Westfalen wurde durch einen Kompromiss mit der CDU ermöglicht und die Reform der Kommunalfinanzen durch die FDP unterstützt. Am Ende aber, trotz aller Mühen in der ersten Hälfte der Legislaturperiode, Mehrheiten zu erzielen, scheiterte das Kabinett Kraft an seinem Minderheitsstatus, als der Etat für das Jahr 2012 vom Parlament kassiert worden war. Folgende Fragen stellen sich: Wie hat das Minderheitskabinett Hannelore Krafts im Amt agiert, mit welchen Hindernissen und Bürden sah es sich konfrontiert und aus welchen Faktoren ergaben sich Stärke und Stabilität, mit der die rotgrüne Minderheitsregierung einige bedeutsame Gesetze auf den Weg brachte, unter anderem eine mit einer Verfassungsänderung verbundene Reform der nordrhein-westfälischen Schulstruktur?

Diesen Fragen will die vorliegende Studie nachgehen. Anhand von Fallbeispielen wird ein zentrales Argument entwickelt: Zunächst wird dargelegt, dass Minderheitsregierungen – da sie notwendigerweise der oppositionellen Unterstützung bedürfen – die Oppositionsparteien vor die Frage stellen, ob diese die Minderheitsregierung – und damit im Grunde die politische Konkurrenz – unterstützen oder deren Gesetzesvorhaben blockieren. Daraus folgt, dass die Opposition dann ein Minderheitskabinett im Amt zu halten bestrebt sein wird, wenn ihre eigenen Anreize so strukturiert sind, dass eine Kooperation mit der Regierung einer Konfrontation durch Blockade vorzuziehen ist, da sie kein Interesse daran hat, es auf mögliche Neuwahlen ankommen zu lassen. Die Anreizstruktur beruht demnach im Wesentlichen auf den Umfragewerten der Parteien, die eine Minderheitsregierung dann stützen, wenn sie im Falle von Neuwahlen an der Fünfprozenthürde zu scheitern drohen und daher um den Wiedereinzug ins Parlament fürchten müssen. Dies führt jedoch zu einem Dauerdilemma der Opposition, die sich zwischen Unterstützung und Kritik befindet und so zu einem ambivalenten Verhalten neigt, um einerseits Neuwahlen zu vermeiden, andererseits aber ihrer Funktion als Oppositionspartei gerecht zu werden, Kritik an der Regierung zu äußern und politische Alternativen zu formulieren. Sind dagegen Umfragewerte für die Opposition gut und für die Regierung schlecht, so kann es für eine Minderheitsregierung ungleich schwerer werden, externe Unterstützung zu finden, da ein wesentlicher Anreiz der Opposition, die Minderheitsregierung im Amt zu halten, wegfiele. Ausschlaggebend für Stabilität und Effizienz des rot-grünen Minderheitskabinetts ist demnach weniger das eigene Verhandlungsgeschick als vielmehr das Interesse der Oppositionsparteien, eher die Regierung zu stützen als ihr Scheitern, und damit Neuwahlen, zu provozieren. Diese Arbeitshypothese soll in vier Fallanalysen getestet werden.

1.2 Minderheitsregierungen in Deutschland: zum Forschungsstand

Angesichts der deutlichen Mehrheit der Union, die nur um wenige Mandate die absolute Mehrheit verpasst hatte, wurde im Nachklang der Bundestagswahl 2013 auch die Möglichkeit einer Einparteien-Minderheitsregierung der CDU angesprochen. Zwar haben manche Journalisten, etwa Ludwig Greven von der Zeit und der SPIEGEL-Redakteur Stefan Kuzmany, die Vorzüge einer Minderheitsregierung gegenüber einer Großen Koalition aus demokratietheoretisch-normativer Sicht angesprochen, weil diese die sachliche Debatte um Politikinhalte im Parlament wieder fördern würde; zumal vor dem Hintergrund der mithin kritisierten Alternativlosigkeit, mit der manche politische Entscheidungen der schwarz-gelben Koalition von 2009 bis 2013 von einigen Akteuren der Regierung bezeichnet worden seien.[9]

9 Siehe http://www.spiegel.de/kultur/gesellschaft/bundestagswahl-merkel-sollte-eine-minderheitsregierung-bilden-a-924282.html (07. Oktober 2013); http://www.zeit.de/politik/deutschland/2013-09/minderheitsregierung-merkel-essay (07. Oktober 2013).

Die Realisierung einer Einparteien-Minderheitsregierung der Christdemokraten erschien jedoch überaus unwahrscheinlich und wurde von Bundeskanzlerin Angela Merkel bereits abgelehnt; Deutschland brauche eine stabile Regierung.[10]

Die Gründe hierfür liegen auf der Hand: Im politischen Deutschland spielen Minderheitsregierungen nach wie vor keine allzu große Rolle, weder im tagespolitischen Geschäft noch in der politischen Kultur dieses Landes oder in der politikwissenschaftlichen Forschung. Minderheitsregierungen gelten „hierzulande als etwas Irreguläres", weshalb der rot-grünen Minderheitsregierung unter Hannelore Kraft auch die Möglichkeit zugesprochen wurde, die „Regularität des Irregulären" zu demonstrieren.[11] Minderheitsregierungen wecken Erinnerungen an die Weimarer Zeit; sie sind politisch und gesellschaftlich unerwünscht. „Die Deutschen dagegen wünschen sich vor allem eins: Stabilität. Sie ist oberstes politisches Gesetz, das zeigen schon die 41,5 Prozent Stimmenanteil für die Union. Wenn es nach Volkes Meinung geht, soll sich zwar stets einiges ändern, im Grunde aber gar nichts", schreibt Greven in einem Essay zwei Tage nach der Wahl, das zugleich ein Plädoyer für eine Unions-Minderheitsregierung ist.[12] In der Geschichte der Bundesrepublik wurden 25 Minderheitsregierungen gebildet, die meisten davon als Übergangsregierung, und nur acht Regierungen wurden originär als Minderheitskabinette eingesetzt.[13] So urteilte etwa Klaus v. Beyme vor einiger Zeit: „Nach den Grundsätzen des parlamentarischen Systems ist jede Minder-

---

10 Siehe http://www.stuttgarter-zeitung.de/inhalt.keine-minderheitsregierung-angela-merkel-sucht-koalitionspartner.d23680bb-1627-437d-9501-04d2e54ac409.html (07. Oktober 2013).

11 Prantl, Heribert: Tag der Kraft, in: Süddeutsche Zeitung Nr. 160, 15. Juli 2010, S. 4.

12 Siehe http://www.zeit.de/politik/deutschland/2013-09/minderheitsregierung-merkel-essay (07. Oktober 2013)

13 Klecha, Stephan: Minderheitsregierungen in Deutschland, Hannover 2010, S. 12. Aus vier dieser acht Regierungen wurde im Verlauf der Legislaturperiode eine Mehrheitsregierung, das Minderheitskabinett unter Klaus Wowereit 2001 war eine dezidierte Übergangsregierung mit dem Ziel, Neuwahlen herbeizuführen; und nur die Minderheitsregierung unter Höppner vermochte mindestens eine, in diesem Fall zwei vollständige Legislaturperioden im Amt zu überdauern

heitsregierung ein unerwünschtes Krisensymptom."[14] Und im „Interesse der politische und staatsrechtlichen Stabilität des Landes" hoffte Klaus Schönenbroicher in einem Kommentar zur Landesverfassung Nordrhein-Westfalens, dass es zu der politischen Konstellation einer Minderheitsregierung „niemals kommen möge."[15]

Verdeutlicht man sich die Handlungslogik parlamentarischer Regierungssysteme mit ihrer engen, dualistischen Verbindung von Regierung und Parlamentsmehrheit, mögen diese Annahmen verständlich erscheinen, da Minderheitsregierungen in gewisser Weise gegen diese Spielregeln verstoßen und für parlamentarische Regierungssysteme „counterintuitive" sind.[16] Eher scheint, als würden Minderheitsregierungen jenem alten Dualismus gleichen, in dem sich Regierung und Parlament gegenüberstehen.[17] Dass aber in den Regierungssystemen Westeuropas rund jede dritte Regierung eine Minderheitsregierung ist und solche Regierungsformate insbesondere in den skandinavischen Ländern durchaus üblich sind[18], hat dazu geführt, dass sich in der internationalen Forschung ein breites theoretisches Set zu Minderheitsregierungen in institutioneller und parteipolitischer Hinsicht entwickelt hat. In der deutschsprachigen Politikwissenschaft ist jedoch der Forschungsstand zu Minderheitskabinetten respektive zu Minderheitsregierungen in den deutschen Regierungssystemen noch relativ überschaubar; eine Ausnahme stellen die Arbeiten Stephan Klechas dar.[19]

---

14 Von Beyme, Klaus: Die parlamentarischen Regierungssysteme in Europa, München 1970, S. 570.

15 Schönenbroicher, Klaus: Artikel 52, in Heusch, Andreas/Schönenbroicher, Klaus: Die Landesverfassung Nordrhein-Westfalen. Ein Kommentar, Siegburg 2010, S. 432

16 Strøm, Kaare: Minority Goverment and Majority Rule, Cambridge 1990, S. 8.

17 Paudtke, Bernt: Das mehrheitsunfähige Parlament im Verfassungssystem des Grundgesetzes, Frankfurt am Main u.a. 2005.

18 Vgl. Klecha: Minderheitsregierungen in Deutschland; Klecha, Stephan: Minderheitsregierungen und Wahlerfolge, in: Mitteilungen des Instituts für deutsches und internationales Parteienrecht und Parteienforschung 17 (2010), S. 29-42; Laver, Michael/Schofield, Norman: Multiparty Government. The Politics of Coalition in Europe, Oxford u.a. 1990.

19 Vgl. Klecha: Minderheitsregierungen in Deutschland; Klecha: Minderheitsregierungen und Wahlerfolge.

Den Forschungsstand zu Minderheitsregierungen entscheidend vorangetrieben hat Kaare Strøm mit seiner Monografie.[20] Die zunächst von William Riker maßgeblich beeinflussten Theorien zur Regierungsbildung, in denen die Bildung von minimalen Gewinnkoalitionen prognostiziert worden ist[21], konnten die Entstehung von Minderheitsregierungen kaum erklären und Minderheitsregierungen schienen überdies ihnen ein Krisenphänomen zu sein. Während Dodd[22] und Powell[23] Minderheitsregierungen vor allem in fraktionalisierten und polarisierten Parlamenten erwartet haben, argumentierte Luebbert[24] etwas später, dass Minderheitskabinette vor allem in politischen Systemen mit ausgeprägten Konsensfindungsmechanismen und einer konsensualen politischen Kultur auftreten würden. Um den in manchen Ländern häufigen Anteil von Minderheitsregierungen zu erklären, hat aber erst der Norweger Strøm[25] maßgeblich den Forschungsstand geprägt und die These vertreten, dass Minderheitsregierungen keineswegs Krisensymptome sind, sondern aus rationalen Erwägungen der beteiligten Akteure entstehen – etwa aus der Möglichkeit für die Opposition heraus, am politischen Gestaltungsprozess teilnehmen zu können, ohne mithin Regierungsverantwortung übernehmen zu müssen. Seither hat sich die Forschung zu Minderheitsregierungen insbesondere auf das Wechselspiel institutioneller und parteipolitischer Faktoren konzentriert, die Ressourcen und Einschränkungen zum Regierungshandeln bieten und das politische Spiel strukturieren. Die Rolle der Investiturbestimmungen, die ein Verfassungssystem zur Wahl des Regierungschefs stellt, wurden betont[26], ebenso die Funktion von Ausschüssen

---

20 Strøm: Minority Goverment and Majority Rule.

21 Vgl. Riker, William H.: The Theory of Political Coalitions, New Haven u.a. 1962.

22 Dodd, Lawrence C.: Coalitions in Parliamentary Governments, Princeton 1976.

23 Powell, G. Bingham: Contemporary Democracies. Participation, Stability and Violence, Cambridge 1982.

24 Luebbert, Gregory M.: Comparative Democracy. Policy Making and Governing Coalitions in Europe and Israel, New York 1986.

25 Vgl. Strøm: Minority Goverment and Majority Rule.

26 Vgl. ebd.

bei der Suche nach legislativen Mehrheiten[27], die Vorteile von Agendasetzermacht[28] oder der Nutzen der mittigen Lage der Parteien im Parteiensystem.[29] Diese kurze Auflistung soll an dieser Stelle genügen, da all diese Aspekte im nachfolgenden Kapitel zur Theorie der Minderheitsregierungen in Nordrhein-Westfalen detaillierter aufgegriffen und übertragen werden.

In Deutschland ist Minderheitsregierungen dagegen weniger Aufmerksamkeit zuteil geworden. Verfassungsrechtliche Betrachtungen unterliegen einer Kultur der Stabilität (s.w.u., Kap. 3.1) und folgten gemeinhin dem zugrundeliegenden Tenor, ob und inwiefern die deutschen Verfassungssysteme in Bund und Ländern Minderheitsregierungen so weit wie möglich vermeiden würden; sie fragen zudem, welche Vorrichtungen es gibt, so schnell wie möglich wieder stabile Mehrheitsverhältnisse herzustellen. Da in Minderheitssituationen „das vom Grundgesetz und den Landesverfassungen vorausgesetzte staatsleitende Zusammenspiel von Regierung und Parlament nachhaltig gestört" sei, da also die fehlende exekutive Mehrheit mit legislativer Handlungsunfähigkeit gleichgesetzt wird, seien Minderheitsregierungen so weit wie irgend möglich zu vermeiden.[30] Auch die staatsrechtliche Studie Bernt Paudtkes spricht einer Minderheitssituation Krisencharakter zu, hat aber einen tendenziell positiveren Unterton: In Krisenzeiten könnten Minderheitskabinette durchaus starke Regierungen sein, weil die parlamentarische Mehrheit nicht konsensfähig, die eigentliche

---

27 Vgl. Lijphart, Arend: Patterns of Democracy. Government Forms and Performance in Thirty-Six Countries, New Haven/London 1990; Strøm: Minority Goverment and Majority Rule.

28 Vgl. Heller, Making Policy Stick. Why the Government Gets What It Wants in Multiparty Parliaments, in: American Journal of Political Science 45 (1990), S. 780-798; Döring, Herbert: Worauf gründet sich die Agenda-Setzer-Macht einer Regierung? Theoretische und vergleichende Perspektiven auf den deutschen Fall, in: Ganghof, Steffen/Manow, Philip (Hg.): Mechanismen der Politik. Strategische Interaktionen im deutschen Regierungssystem, Frankfurt/New York 2005, S. 109-148.

29 Vgl. Laver, Michael/Shepsle, Kenneth: Making and Breaking of Governments. The Politics of Coalition in Europe, Oxford u.a. 1996; Tsebelis: Veto Players.

30 Finkelnburg, Michael: Die Minderheitsregierung im deutschen Staatsrecht, Berlin/New York 1982, S. 13; vgl. auch Puhl, Thomas: Die Minderheitsregierung nach dem Grundgesetz, Berlin 1986.

Mehrheit demnach nicht mehrheitsfähig sei; andernfalls wäre es nicht zur Formierung einer Minderheitsregierung gekommen. Aus dieser Mehrheitsunfähigkeit, so lautet Paudtkes wesentliches Argument, speise sich das Stabilitätspotenzial einer Minderheitsregierung.[31]

Stephan Klecha dagegen hat jüngst in seiner umfassenden Monografie, die sich mit den Entstehungs- und Bestimmungsfaktoren von Minderheitskabinetten, ihren institutionellen und parteipolitischen Möglichkeiten und Einschränkungen sowie bisherigen Beispielen in der Geschichte der Bundesrepublik beschäftigt, die These vertreten, dass man „durchaus stabile Verhältnisse erwarten [kann], wenn eine solche Regierung ins Amt gelangt".[32] Zu dem Schluss, dass auch Minderheitsregierungen gelingen kann, legislative Mehrheiten zu organisieren, kommen auch Untersuchungen des „Magdeburger Modells".[33] Forschungen zum Fall der Minderheitsregierung in Nordrhein-Westfalen konzentrieren sich zumeist – nicht zuletzt weil das Ende des ersten Kabinetts Kraft noch nicht allzu lange zurückliegt – eher auf den Wahlkampf und die Regierungsbildung, ohne dabei genauer auf die Arbeit einer Minderheitsregierung im nordrhein-westfälischen Regierungssystem.[34] Politikwissenschaftlich wird diese Lücke erst allmählich geschlossen[35], wohingegen Einzelfallsituationen der Legislaturperiode in der

---

31 Paudtke: Das mehrheitsunfähige Parlament nach dem Grundgesetz.

32 Vgl. Klecha: Minderheitsregierungen in Deutschland, Zitat S. 240.

33 Vgl. Thomas, Sven: Regierungspraxis von Minderheitsregierungen. Das Beispiel des Magdeburger Modells, Wiesbaden 2003; Thomas, Sven: Zur Handlungsfähigkeit von Minderheitsregierungen am Beispiel des „Magdeburger Modells", in: Zeitschrift für Parlamentsfragen 34 (2003), S. 792-806.

34 Vgl. Feist, Ursula/Hoffmann, Hans-Jürgen: Die nordrhein-westfälische Landtagswahl vom 9. Mai 2010: Vom Abwarten zur Kehrtwende, in: Zeitschrift für Parlamentsfragen 41 (2010), S. 766-787; Niedermayer, Oskar: Koalitionsbildung im Fünfparteiensystem: Die Landtagswahl in Nordrhein-Westfalen am 9. Mai und ihre Folgen, in: Gesellschaft, Wirtschaft, Politik 59 (2010), S. 345-354.

35 Vgl. Ganghof, Steffen et al.: Flexible und inkludierende Mehrheiten? Eine Analyse der Gesetzgebung der Minderheitsregierung in NRW, in: Zeitschrift für Parlamentsfragen 43 (2012), S. 887-900.

rechts- und verwaltungswissenschaftlichen Literatur Berücksichtigung erfahren haben.[36]

1.3 Theoretisches Setting: historischer und akteurzentrierter Institutionalismus

Das Ziel dieser Arbeit besteht in der Untersuchung zurückliegender Ereignisse in der Legislaturperiode des Minderheitskabinetts von Hannelore Kraft; dies nach Gesichtspunkten der Akteurkonstellationen, der institutionellen Voraussetzungen im nordrhein-westfälischen Regierungssystem und der Politikfeldspezifischen Verfassungs- und Verfahrensregeln sowie der parteipolitischen Präferenzen der Akteure. Gefragt werden soll weniger, zu welchen Ergebnissen es gekommen ist, als vielmehr, welche Faktoren die jeweiligen Akteure dazu bewogen haben, zwischen verschiedenen Handlungsoptionen zu wählen. Wichtiger als das Politikergebnis selbst ist der Weg dorthin. Die Arbeit folgt damit den Annahmen des historischen Institutionalismus. Dieser dient dazu, „nach den generellen Zielen der beteiligten Akteure zu fragen und zu analysieren, wie bestimmte Anreizstrukturen und Handlungsressourcen entsprechend motivierte Akteure beeinflusst haben".[37] Um solch rückwärts schauenden Fragestellungen gerecht zu werden, haben Renate Mayntz und Fritz Scharpf mit ihrem „akteurzentrierten Institutionalismus" eine umfassende Herangehensweise entwickelt[38], die Scharpf etwas mehr als ein Jahrzehnt später in einer Monografie ausgearbeitet hat[39]. Demnach sind Politikergebnisse „das Produkt strategischer Interaktionen zwischen mehreren oder

---

36 Siehe dazu die weiter unten herangezogenen Aufsätze zur Ministerpräsidentenwahl und zum Schulkonsens.

37 Ganghof, Steffen/Manow, Philip: Mechanismen deutscher Politik, in: dies. (Hg.): Mechanismen der Politik. Strategische Interaktion im deutschen Regierungssystem, Frankfurt/New York 2005, S. 14.

38 Vgl. Mayntz, Renate/Scharpf, Fritz W.: Der Ansatz des akteurzentrierten Institutionalismus, in: dies. (Hg.): Gesellschaftliche Selbstregelung und politische Steuerung, Frankfurt am Main 1995, S. 39-72.

39 Vgl. Scharpf, Fritz W.: Interaktionsformen. Akteurzentrierter Institutionalismus in der Politikforschung, unveränderter Nachdruck der ersten Auflage, Wiesbaden 2006.

einer Vielzahl politischer Akteure [...], von denen jeder ein eigenes Verständnis von der Natur des Problems und der Realisierbarkeit bestimmter Lösungen hat, und die weiter mit je eigenen individuellen und institutionellen Eigeninteressen sowie normativen Präferenzen und eigenen Handlungsressourcen ausgestattet sind".[40]

Insgesamt drei Analyseeinheiten sind im Ansatz des „akteurzentrierten Institutionalismus" ausschlaggebend: Akteure, Akteurkonstellationen und Interaktionsformen. Akteure, erstens, zeichnen sich durch die Fähigkeit aus, sich rational und geleitet von ihren Präferenzen und durch Institutionen strukturiert zwischen verschiedenen Handlungsoptionen zu entscheiden.[41] „Institutions structure these interactions, by affecting the range and sequence of alternatives on the choice-agenda or by providing information and enforcement mechanisms that reduce uncertainty about the corresponding behavior of others and allow 'gains from exchange', thereby leading actors toward particular calculations and potentially better social outcomes."[42] So unterscheiden sich die Interaktionen, ob ein Ministerpräsident mit absoluter oder einfacher Mehrheit gewählt werden muss oder ob es für ein Gesetz zugleich einer Verfassungsänderung bedarf, die in Nordrhein-Westfalen eine Zweidrittel-Mehrheit verlangt.

Ob der großen Bedeutung, die dem Akteursbegriff im theoretischen Setting nach Mayntz und Scharpf zukommt, soll an dieser Stelle noch einmal näher auf ihn eingegangen werden. Wenn im Folgenden die im nordrhein-westfälischen Landtag vertretenen Parteien als die maßgeblichen Akteure begriffen werden, verbirgt sich hinter diesem Parteienbegriff ein höchst komplexes Gebilde: Der Großbegriff „Partei" kann noch einmal in Partei als Organisation und Zusammenschluss von Men-

---

40 Ebd., S. 40.

41 Vgl. Saalfeld, Thomas: Rational-Choice Theory in Legislative Studies: Model of Politics without Romanticism, in: The Journal of Legislative Studies 1 (1995), S. 32-64; Shepsle, Kenneth: Studying Institutions. Some Lessons from the Rational Choice Approach, in: Journal of Theoretical Politics 1 (1989), S. 131-147.

42 Hall, Peter A./Taylor, Rosemary C. R.: Political Science and the Three New Institutionalisms, in: Political Science 44 (1996), S. 945.

schen der gleichen politischen Präferenz auf der einen und der Fraktion auf der anderen Seite unterteilt, zwischen Partei- und Fraktionsführung, Parteibasis und Hinterbänklern, zwischen Gruppierungen und Flügeln innerhalb Partei und Fraktion unterschieden werden. Der Begriff „Akteur", der im Folgenden verwendet wird und eine nicht unwesentliche Rolle spielt, muss daher wohldefiniert sein, gleichzeitig aber einen Mittelweg finden zwischen Akkuratesse und Komplexitätsreduktion aus forschungspragmatischen Gründen. Mayntz und Scharpf nutzen in ihrem Ansatz den Begriff des „korporativen Akteurs", um diesem Mittelweg gerecht zu werden. Damit bezeichnen sie „handlungsfähige, formal organisierte Personen-Mehrheiten, die über zentralisierte, also nicht mehr den Mitgliedern individuell zustehende Handlungsressourcen verfügen, über deren Einsatz hierarchisch (zum Beispiel in Unternehmen und Behörden) oder majoritär (zum Beispiel in Parteien oder Verbänden) entschieden werden kann".[43] Der Fokus auf korporativen Akteuren schließt so die Ebene der individuellen Akteure und damit auch innerparteiliche oder innerfraktionelle Entscheidungsbildungsprozesse mit ein. Diese rücken in den Mittelpunkt der Analyse, wenn die Betrachtung ausschließlich korporativer Akteure ein bestimmtes Politikergebnis allein nicht mehr erklären kann.[44]

Diesem Ansatz folgend sollen im Folgenden die im Parlament vertretenen Fraktionen mit ihren jeweiligen Parteien als „Akteure" verstanden werden. Auf den Fall der nordrhein-westfälischen Minderheitsregierung übertragen bedeutet dies zunächst, dass fünf Akteure am politischen Spiel beteiligt waren: CDU, FDP und Linke als Parteien in der Opposition, SPD und Grüne als Regierungsparteien. Eingeschlossen sind hierbei gleichsam auch die dazugehörigen Landesverbände der Fraktionen, da es nur an einer Stelle zu offenkundigem Dissens zwischen Fraktion und Partei bzw. Landesverband gekommen ist: im Falle der Linkspartei während der Haushaltsgesetzgebung 2011. Auf diesen Konflikt wird an gegebener Stelle noch einmal

43 Vgl. Mayntz/Scharpf: Der Ansatz des akteurzentrierten Institutionalismus, S. 49-50.

44 Vgl. ebd., S. 50.

ausführlicher eingegangen. Ferner werden SPD und Grüne im weiteren Untersuchungsverlauf als unitarischer Akteur aufgefasst, die sich durch ihren Koalitionsvertrag auf gemeinsame Politikpräferenzen einigten, zumal es zu keiner Zeit während der Legislaturperiode zu offenem Konflikt, Dissens oder zu Meinungsverschiedenheiten zwischen SPD und Grünen kam. Im Folgenden wird demnach mit vier Akteuren operiert: mit der Regierung, die sich drei Oppositionsparteien im Landtag gegenübersah; ihre jeweiligen Landesverbände sind mit diesem Akteursbegriff inbegriffen. Auch wenn diese Herangehensweise sich von der Komplexität der Wirklichkeit ein Stück weit distanziert, hat sie sich doch im weiteren Verlauf der Fallanalysen bewährt.

Da aber ein Akteur nur in seltenen Fällen alleine in der Lage ist, Ergebnisse zu erzielen, ist zweitens die Akteurkonstellation von Bedeutung; jene Konstellation also, die „die beteiligten Spieler, ihre Strategieoptionen, die mit verschiedenen Strategiekombinationen verbundenen Ergebnisse und die Präferenzen der Spieler in Bezug auf diese Ergebnisse" beschreibt.[45] So macht es im Hinblick auf das Politikergebnis einen wesentlichen Unterschied, ob sich zwei Akteure mit ähnlichen oder sehr unterschiedlichen Interessen einigen müssen, ob es institutionelle Vorgaben gibt, die bestimmen, welche Akteure kooperieren müssen, und ob das politische Spiel durch zusätzliche Vetospieler vorstrukturiert ist. Drittens sind die Interaktionsformen für ein bestimmtes Politikergebnis ausschlaggebend, also ob Entscheidungen durch eigenes, möglicherweise egoistisches Handeln getroffen werden, durch konsensuale Verhandlungen oder durch nicht-kooperative Mehrheitsentscheidungen, da auch die Struktur der Interaktion auf ein Ergebnis wesentliche Auswirkungen zeitigt. Der Schwerpunkt der analytischen Erklärung liegt also vor allem auf den Interaktionen zwischen den Akteuren, die spezifische Politikergebnisse produzieren.[46]

Der Ansatz des akteurzentrierten Institutionalismus zielt auf eine integrierende Theorie, die gleichsam die Perspektive auf Akteure und die sie umgebenden institutionellen Strukturen

45 Vgl. Scharpf: Interaktionsformen, S. 87.

46 Vgl. ebd., S. 86-91.

richtet.[47] Kurzum dient in diesem Sinne die Annahme rationaler Akteure als ein Mechanismus, der zwischen beobachtbarem Ergebnis bzw. Verhalten und den institutionellen Arrangements verbindet.[48] Gleichwohl gehen die Handlungsorientierungen von Akteuren nach Mayntz und Scharpf über die enge Vorstellung der reinen Nutzenmaximierung als leitendes Paradigma hinaus.[49] Je nach seiner Struktur kann ein Akteur danach streben, präferenzgeleitet den größten Gewinn für sich herauszuschlagen; er muss es aber nicht: Je nach institutionellem Arrangement kann auch konsensorientiertes Handeln begünstigt werden. Die hier vorgeschlagene Herangehensweise hat zudem zwei wesentliche Vorteile für die Zwecke der vorliegenden Arbeit: Zunächst ermöglicht die Annahme, dass politische Akteure sich rational und geleitet von Institutionen verhalten, die Erklärung des Verhaltens der Akteure in den jeweiligen Fallbeispielen, die nachfolgend untersucht werden sollen, ohne beispielsweise Experteninterviews führen zu müssen. Zweitens bieten neo-institutionalistische Theorien dieser Arbeit die Gelegenheit, die Lücke zu Minderheitskabinetten im deutschsprachigen Forschungsstand auszugleichen, allgemeine Theorien der politikwissenschaftlichen Forschung zu Regierungssystemen und Minderheitsregierungen heranzuziehen und, sofern dies vor dem Hintergrund des politischen und Verfassungssystems in Nordrhein-Westfalen möglich ist, zu modifizieren und zu übertragen.

Da sich vorliegende Untersuchung wesentlich auf Fallbeispiele stützt, ist zugleich unerlässlich, die jeweiligen Spezifika der Politikfelder zu berücksichtigen. Denn auch wenn Akteurkonstellation und institutionelles Arrangement eines Regierungssystems von Feld zu Feld konstant bleiben sollten, unterscheiden sich zwischen den Politikfeldern die Interaktionsformen der Akteure, und damit kann auch das letztendliche Er-

47 Vgl. Mayntz/Scharpf: Der Ansatz des akteurzentrierten Institutionalismus.

48 Vgl. Ganghof/Manow: Mechanismen deutscher Politik Saalfeld: Rational-Choice Theory in Legislative Studies.

49 Vgl. Mayntz/Scharpf: Der Ansatz des akteurzentrierten Institutionalismus.

gebnis variieren[50]: Beispielsweise folgt die Haushaltsgesetzgebung anderen Verfahrensregeln und Handlungslogiken als Schulpolitik. Ferner werden das Handeln von Regierung und Opposition und damit das letztendliche Politikergebnis auch durch weitere nichtparlamentarische Vetospieler, Verfassungsgerichte, das politische Umfeld und dessen gesellschaftliche Rahmenbedingungen bestimmt. Solche spezifischen Strukturen eines bestimmten Politikfeldes haben eine solch bedeutsame Rolle, dass sich die Analyse der ausgewählten Fallbeispiele nicht nur auf die beteiligten politischen Akteure konzentrieren kann, sondern auch Rahmenbedingungen und Umwelteinflüsse berücksichtigen muss.[51] Wenn Mehrheitsregierungen schon von Politikfeldspezifika betroffen sind, dann gilt dies für Minderheitskabinette umso mehr. Und gerade für Minderheitsregierungen sind die Unterschiede zwischen den Politikfeldern insofern von herausragender Bedeutung, als diese Spezifika das Wechselspiel zwischen den Akteuren strukturieren und damit das Spiel einer Minderheitsregierung auf der Suche nach oppositioneller Unterstützung.

1.4 Zum Aufbau der Arbeit

Der Aufbau der vorliegenden Arbeit folgt einem streng deduktiven Vorgehen, das sich von einer allgemeinen politikwissenschaftlichen Theorie zu einer Theorie der Minderheitsregierungen in Nordrhein-Westfalen über eine allgemeine Gesetzgebungsstatistik bis hin zu den bereits genannten Fallbeispielen immer weiter spezialisiert. Im ersten Kapitel wird eine Theorie zu Minderheitsregierungen in NRW dargestellt und nach institutionellen und parteipolitischen Faktoren gesucht, die die Arbeit eines Kabinettes ohne parlamentarische Mehrheit erschweren oder begünstigen können. Diese theoretischen Ausführungen dienen als Analyserahmen der späteren Einzelfallanalysen. Das zweite Kapitel liefert eine allgemeine Gesetzge-

50 Vgl. Scharpf: Interaktionsformen.

51 Vgl. Blum, Sonja/Schubert, Klaus: Politikfeldanalyse, 2. Auflage, Wiesbaden 2011, S. 15-16.

bungsstatistik, um der Frage nachzugehen, von welchen oppositionellen Parteien das Kabinett Kraft unterstützt wurde. Ergebnis dieser Analyse wird sein, dass es der Minderheitsregierung gelang, wechselnde Mehrheiten zu organisieren, bei wichtigen Entscheidungen oft, aber nicht immer von der Linken unterstützt wurde. Sodann wird anhand ausgewählter Beispiele das bereits skizzierte Argument dieser Arbeit untersucht und die Bandbreite des Regierungshandelns und des Verhandlungsspielraumes exemplarisch in einzelnen Kapiteln dargestellt: zunächst die Wahl Krafts zur Ministerpräsidentin Nordrhein-Westfalens, sodann der „Schuldfrieden“, der zwischen der Regierungskoalition und der CDU gefunden wurde, als Beispiel dafür, wie die fehlende Mehrheit durch die Suche nach politischem Konsens ausgeglichen wurde. Das darauffolgende Beispiel der Haushaltsgesetze 2011 zeigt, wie unilaterales Handeln einer Minderheitsregierung dazu dienen kann, legislative Mehrheiten zu erzielen. Ferner untersucht das Fallbeispiel des Haushalts 2012 das Scheitern einer Minderheitsregierung. Der konsensual ausgehandelte Schulkompromiss wird so kontrastiert durch die eher konfrontative, nicht-kooperative Entscheidungsfindung in den anderen drei Fällen. Ein abschließendes Fazit fasst die Befunde zusammen und gibt einen Ausblick. Um einem dem Umfang der Arbeit angemessenen Mittelweg zwischen umfassender Einzelfallstudie und Reduktion aller möglichen Variablen zu finden, konzentriert sich die Arbeit im Folgenden vor allem auf die legislativ-administrative Dimension des politischen Entscheidungsprozesses. Fragen und Faktoren der politischen Kommunikation und der Persönlichkeitsanalysen, welche die Legislaturperiode entscheidend geprägt haben, müssen demnach unberücksichtigt bleiben.

2. Minderheitskabinette im nordrhein-westfälischen Regierungssystem: Verfassungsrecht und Verfahrensregeln[1]

Minderheitsregierungen zeichnen sich durch eine deutlich geringere Stabilität aus als Mehrheitsregierungen, und doch regieren Minderheitskabinette in Ländern wie Norwegen und Schweden durchaus stabil. In diesen beiden Ländern, in denen fast sechzig Prozent aller Regierungen Minderheitskabinette sind, erreicht oder übersteigt je nach Operationalisierung die Lebensdauer von Regierungen sogar die allgemeine durchschnittliche Stabilität von Mehrheitskoalitionen in Westeuropa[2]: Westeuropäische Regierungen sind durchschnittlich 59 Prozent ihrer möglichen Tage im Amt; schwedische Regierungen achtzig und norwegische Regierungen 73 Prozent. Auch die Standardabweichungen der Regierungen Schwedens und Norwegens sind nicht größer als die des europäischen Durchschnitts, was gegen starke Abweichungen zwischen Mehrheits- und Minderheitsregierungen in den beiden Ländern spricht.[3] Es muss also Faktoren geben, die die Performanz von Minderheitsregierungen begünstigen. Diese Faktoren werden im Folgenden analysiert und auf das nordrhein-westfälische Regierungssystem übertragen. Dieses Kapitel argumentiert daher, dass das Regierungssystem des Landes und die Lage der Minderheitsre-

---

1 Die folgenden Abschnitte zu Verfassungsrecht und Verfahrensregeln basieren auf weiterentwickelten Gedanken meiner 2011 eingereichten Bachelor-Arbeit.

2 Vgl. Strøm: Minority Goverment and Majority Rule, S. 58; Lijphart: Patterns of Democracy, S. 132-133.

3 Vgl. Saalfeld, Thomas: Veto Players, Agenda Control and Cabinet Stability in 17 European Parliaments, 1949-1999, in: König, Thomas/Tsebelis, George/Debus, Marc (Hg.): Reform Process and Policy Change. Veto Players and Decision-Making in Modern Democracies, New York u.a. 2010, S. 127.

gierung im Parteiensystem genügend Ressourcen bieten, um den fehlenden Mehrheitsstatus des rot-grünen Minderheitskabinetts unter Hannelore Kraft zu kompensieren.

2.1 Die Investitur des Ministerpräsidenten

Die Wahl des Ministerpräsidenten ist ein entscheidender Moment zu Beginn einer jeden Legislaturperiode. Sie stellt das Ende der Koalitionsverhandlungen dar; zugleich wird das politische Programm für die kommende Legislaturperiode verkündet. Die Einsetzung einer Regierung strukturiert das Parlament in Regierung und Opposition, verteilt parlamentarische Gesetzgebungs- und Kontrollfunktionen, spricht der Regierung Agendasetzermacht zu und mit der Rollenverteilung von Regierung und Opposition erfolgt zudem die Rekrutierung des politischen Führungspersonals.

Üblicherweise wird die Wahl des Regierungschefs und damit die Einsetzung einer Regierung von zwei wesentlichen Faktoren bestimmt, die sich in den Überlegungen der Akteure gegenseitig bedingen: erstens die ideologischen Schnittmengen zwischen den möglichen Bündnispartnern, sofern freilich die Mehrheitsverhältnisse eine Koalition notwendig machen oder erscheinen lassen; in Deutschland ist dies in den meisten Fällen jedoch die Regel gewesen. Zweitens wird die Regierungsbildung von den Anforderungen bestimmt, die eine Verfassung zur Wahl des Regierungschefs stellt. So ist die Koalitionsbildung zumeist eine schrittweise Abfolge strategischer Überlegungen: Welche Partei ist federführend bei der Regierungsbildung? Verfügt eine Partei über die absolute Mehrheit, will oder muss sie sich auf Partnersuche begeben? Demnach: Welcher Koalitionstyp wird eingegangen? Welche Partei wäre programmatisch als Koalitionspartner geeignet und verfügen diese Parteien zusammen über genügend Parlamentsmandate, um die konstitutionellen Investiturbestimmungen zu erfüllen? Die Faktoren Parteiideologie und Investitionsbestimmungen reduzieren so die Zahl der theoretischen Möglichkeiten an Koalitionsbündnissen.[4]

Das bedeutet auch, dass die konstitutionellen Anforderungen, die an die Wahl eines Regierungschefs gestellt werden, in direktem Zusammenhang mit dem Aufkommen von Minderheitsregierungen stehen, wie die Fallbeispiele skandinavischer Länder zeigen. Je niedriger die Forderungen sind, die eine Verfassung an die Regierungschefwahl stellt, desto größer wird die Zahl der potenziellen Koalitionen. Die Formierung einer Minderheitsregierung wird dann von der Verfassung begünstigt, wenn sie in einem der Wahlgänge des Regierungschefs nur die relative und nicht die absolute Mehrheit verlangt. Einer der Gründe, weshalb in Norwegen und Schweden Minderheitsregierungen eher die Regel als die Ausnahme sind, liegt im „negativen Parlamentarismus" dieser beiden Länder, bei dem es keine dezidierte Wahl des Regierungschefs zu Beginn einer Legislaturperiode wie im „positiven Parlamentarismus" gibt. Eine Regierung kann ohne parlamentarische Legitimation ins Amt eingesetzt werden und dort solange verbleiben, wie es kein Mehrheitsvotum im Parlament gegen sie gibt.[5] So verliert der Faktor Investiturbestimmungen an Wichtigkeit, und eine Partei A könnte dann eine Minderheitsregierung mit dem ideologisch nahestehenden Koalitionspartner B einer Mehrheitskoalition mit einer Partei C vorziehen, mit der A zwar über eine absolute Mehrheit im Parlament verfügen würde, die im Zuge der Koalitionsverhandlungen aber gleichsam größere Zugeständnisse erfordern würde als Partei B. Eine Minderheitskoalition der Parteien A und B wird bei gegebenen konstitutionellen Voraussetzungen dann wahrscheinlich, wenn eine Koalition mit C zu große Kompromisse verlangen würde, die der Parteibasis möglicherweise nicht mehr zu verkaufen wären, und wenn es keine

4 Vgl. Strøm: Minority Government and Majority Rule, S. 25-28.

5 Vgl. Narud, Hanne Marthe/ Strøm, Kaare: Norwegen: Eine fragile Koalitionsordnung, in: Müller, Wolfgang C./Strøm, Kaare (Hg.): Koalitionsregierungen in Westeuropa. Bildung, Arbeitsweise und Beendigung, Wien 1997, S. 210-211; Bergman, Torbjörn: Schweden: Minderheitsregierungen als Regel und Mehrheitskoalitionen als Ausnahme, in: Müller, Wolfgang C./Strøm, Kaare (Hg.): Koalitionsregierungen in Westeuropa. Bildung, Arbeitsweise und Beendigung, Wien 1997, S. 250-251.

mögliche Alternativkoalition gäbe, die über mehr Stimmen im Parlament verfügt als die Koalition aus A und B.[6] Es war dies die Konstellation, die 2010 in Nordrhein-Westfalen zur rot-grünen Minderheitsregierung führte.

Tatsächlich erleichtert die nordrhein-westfälische Landesverfassung die Formierung einer Minderheitsregierung erheblich: Zwar verlangt sie in Art. 52 NRW-LV die absolute Mehrheit im ersten Wahlgang; wird diese aber nicht erreicht, so genügt zur Wahl des Ministerpräsidenten im zweiten und dritten Durchgang bereits die relative Mehrheit der abgegebenen Stimmen, ohne dass Enthaltungen oder ungültige Stimmen mitgezählt werden. Durch die wenig restriktiven Bestimmungen, die die Landesverfassung zur Wahl des Ministerpräsidenten im zweiten und dritten Wahlgang stellt, spricht also das Verfassungssystem Nordrhein-Westfalens der Bildung einer handlungsfähigen Regierung mehr Priorität zu als der Investitur eines Mehrheitsministerpräsidenten.[7] Kurzum haben zwar Mehrheitsregierungen durch die im ersten Wahlgang geforderte absolute Mehrheit nach der Verfassung Vorrang vor Minderheitsregierungen; sind aber Mehrheitsregierungen nicht möglich, akzeptiert das nordrhein-westfälische Verfassungssystem Minderheitsregierungen als bestmögliche Alternative.[8]

Die Wahl eines Minderheitenministerpräsidenten wird freilich nicht nur durch die konstitutionellen Investiturbestimmungen beeinflusst. Vielmehr beinhaltet der Entschluss, eine Minderheitsregierung zu bilden, die Antizipation der grundsätzlichen Möglichkeiten und Einschränkungen, die ein spezifisches Regierungssystem bietet, in das ein Minderheitskabinett im Falle seiner Formierung eingebettet wäre. Denn es ist kaum wahrscheinlich, dass sich ein Koalitionsbündnis zur Formierung einer Minderheitsregierung entschließt, wenn dies zwar bei der

6 Budge, Ian/Laver, Michael: Office Seeking and Policy Pursuit in Coalition Theory, in: Legislative Studies Quarterly 11 (1986), S. 488.

7 Interessanterweise wird in jeder deutschen Landesverfassung die Wahl des Ministerpräsidenten mit relativer Mehrheit ermöglicht – in Bayern, Berlin und Brandenburg sogar schon im ersten Wahlgang, siehe dazu Leunig, Sven: Das Regierungssystem der deutschen Länder im Vergleich, Opladen u.a. 2007, S. 212-217

8 Klecha: Minderheitsregierungen in Deutschland, S. 152-153.

Wahl des Regierungschefs ermöglicht wird, das Regierungssystem für den Gesetzgebungsprozess aber mehr Hindernisse als Ressourcen bietet. Ein wesentlicher Faktor für Minderheitsregierungen mit großer Bedeutung für ihre Effizienz, Performanz und Stabilität ist beispielsweise ihre Lage im Parteiensystem.

2.2 Positionale Vorteile: zur mittigen Lage von Minderheitsregierungen

In Minderheitssituationen wird die parlamentarische Mehrheit von der Opposition gestellt. Diese Erkenntnis mag trivial erscheinen, ihre Bedeutung für die Funktionsweise und Stabilität von Minderheitsregierungen ist aber nicht zu überschätzen. Denn dadurch, dass ein Minderheitskabinett mit der oppositionellen Mehrheit konfrontiert ist, sieht sie sich stets der latenten Gefahr ausgesetzt, von der Opposition jederzeit aus dem Amt gewählt werden zu können. Verfügt aber eine Minderheitsregierung über eine mittige Lage im parlamentarischen System, dann ist sie mit erheblichen positionsbezogenen und institutionellen Ressourcen ausgestattet. Und anders als im Falle von Mehrheitsregierungen vermindert die mittige Lage einer Minderheitsregierung auch die Wahrscheinlichkeit eines vorzeitigen Scheiterns, allerdings nicht auf einem statistisch signifikanten Niveau.[9] Eine Regierung ist daher besonders mächtig, „if the status quo cabinet has relatively central policy position while the opposition to it is divided between parties at opposite ends of the policy spectrum. In such circumstances a minority cabinet

9 Vgl. Saalfeld: Veto Players, Agenda Control and Cabinet Stability in 17 European Parliaments , S. 140. Bei Mehrheitsregierungen hat dieser Mechanismus die gegenteilige Wirkung; vermutlich deshalb, weil die mittige Lage einer Mehrheitsregierung den Koalitionspartnern Anreize verschafft, ihre Positionsvorteile bei Koalitionsneuverhandlungen auszunutzen. Auch dieser Zusammenhang ist zwar empirisch bestätigt, erreicht aber keine statistische Signifikanz; siehe dazu auch Saalfeld, Thomas: Vetospieler, Agendakontrolle und Kabinettstabilität in 17 westeuropäischen Parlamenten, in: Ganghof, Steffen/Hönnige, Christoph/
Stecker, Christian (Hg.): Parlamente, Agendasetzung und Vetospieler. Festschrift für Herbert Döring, Wiesbaden 2009, S. 108.

can be quite stable, since the opposition cannot agree on anything that they prefer to it. They possess sufficient weight, but lack a shared purpose."[10] Es ist daher theoretisch davon auszugehen[11] und empirisch nachweisbar[12], dass Minderheitsregierungen sich vor allem dann formieren, wenn sie während der Legislaturperiode über eine mittige Lage im Parteiensystem verfügen.

Eine Minderheitsregierung, die im Parlament die Medianposition innehat, verteilt die Opposition auf beide ideologische Eckpunkte des Parteiensystems. Diese Lage schützt eine Minderheitsregierung dann, wenn die Verfassung zur Abwahl der Regierung ein konstruktives Misstrauensvotum verlangt, wenn sich also die Opposition zur Abwahl des Regierungschefs und seines Kabinetts auf einen Nachfolger einigen muss. Da bei mittiger Lage der Minderheitsregierung die Distanz zwischen den einzelnen Oppositionsparteien so groß wie nur möglich ist, ist so die mit der Wahl eines neuen Regierungschefs verbundene Abwahl der alten Regierung sehr unwahrscheinlich.[13] Falls eine Verfassung zur Regierungsabwahl jedoch nur ein destruktives Misstrauensvotum verlangt, wenn die Opposition die Regierung stürzen kann, ohne dass dabei von ihr verlangt würde, sich auf einen neuen Regierungschef zu einigen, gereicht der Mechanismus der mittigen Lage einer Minderheitsregierung freilich nicht mehr zu ihrem „Bestandsschutz".[14]

Mit der Funktionsweise von Minderheitsregierungen im Amt hängt der zweite Faktor zusammen, den die Medianlage einer Regierung ohne parlamentarische Mehrheit mit sich bringt. Denn es gibt zwei Grundtypen von Minderheitskabinetten in

---

10 Laver/Shepsle: Making and Breaking of Governments, S. 263.

11 Vgl. Tsebelis: Veto Players, S. 97-99; Tsebelis, George: Veto Players and Law Production, in: Döring, Herbert/Hallerberg, Mark: Patterns of Parliamentary Behavior. Passage of Legislation Across Western Europe, Aldershot 2004.

12 Vgl. Müller, Wolfgang C./Strøm, Kaare (1997): Schluß: Koalitionsregierungen und die Praxis des Regierens in Westeuropa, in: dies. (Hg.): Koalitionsregierungen in Westeuropa. Bildung, Arbeitsweise und Beendigung, Wien, S. 707, 711.

13 Vgl. Lijphart: Patterns of Democracy, S. 100-101.

14 Paudkte: Das mehrheitsunfähige Parlament nach dem Grundgesetz, S. 59.

deren Streben, ihre exekutive Minderheit durch legislative Mehrheiten auszugleichen. Eine Minderheitsregierung kann erstens auf das stete Vertrauen einer einzelnen oppositionellen Partei angewiesen sein, die ein Minderheitskabinett die gesamte Legislaturperiode über stützt, wie es bei der Minderheitsregierung unter Höppner in Sachsen-Anhalt der Fall gewesen ist, die von der PDS unterstützt wurde. Solche Minderheitsregierungen, die funktional eher „majority governments in disguise" sind[15] und gegebenenfalls auch über manifeste Kooperationsvereinbarungen verfügen, überlassen einer Minderheitsregierung zwar wenig Flexibilität, was jedoch durch eine größere Regierungsstabilität kompensiert wird. Der zweite Grundtyp einer Minderheitsregierung – und hier spielt ihre Medianlage eine wesentliche Rolle – sucht den Minderheitsstatus durch wechselnde Mehrheiten auszugleichen und von Gesetz zu Gesetz mit verschiedenen oppositionellen Parteien zu kooperieren. Hat eine Minderheitsregierung hierbei eine mittige Lage im Parteienspektrum, kann sie nach beiden Seiten verhandeln und sich mit jener Partei einigen, die der Regierung die geringsten Kompromisse abverlangt. Da eine Minderheitsregierung bei mittiger Lage nicht auf den Gutwillen einer einzelnen Oppositionspartei angewiesen ist, verfügt sie über größtmögliche Flexibilität und muss in manchen Fällen eventuell sogar keinerlei Zugeständnisse machen. Diese größere Flexibilität kann allerdings auch mit größerer Instabilität der Minderheitsregierung einhergehen.[16] Beide Grundtypen dienen als Endpunkte eines Kontinuums mit zahlreichen unterschiedlichen Schattierungen; wiewohl das Beispiel Sachsen-Anhalts zeigt, dass „eine Minderheitsregierung kaum wechselnde Mehrheiten herstellen kann, wenn eine Tolerierungspartei […] beansprucht, auf möglichst allen Politikfeldern Gestaltungskompetenz zu erlangen".[17]

Ein Blick auf das deutsche und das nordrhein-westfälische Parteiensystem verdeutlicht diese Zusammenhänge und unterstreicht die Bedeutung der Medianposition der rot-grünen

---

15 Lijphart: Patterns of Democracy, S. 104.

16 Ebd., S. 103-104; vgl. Strøm: Minority Governments and Majority Rule, S. 94-109.

17 Kropp, Sabine: Regieren in Koalitionen. Handlungsmuster und Entscheidungen in deutschen Länderregierungen, Wiesbaden 2001, S. 225.

Minderheitsregierung. So deuten Positionsdaten darauf hin, dass rot-grüne Regierungen tatsächlich über eine mittige Lage im Parteiensystem verfügen. Diese Tendenzen zeigen sich in Positionsdaten sowohl für die Bundesebene[18] als auch in Positionsdaten für die Parteiensysteme der Bundesländer.[19] Jüngere Positionsdaten, die auf Analysen der Wahlprogramme und des Koalitionsvertrages von SPD und Grünen beruhen, haben auch für den Fall der rot-grünen Minderheitsregierung ihre mittige Lage im Parteiensystem bestätigt. Sie werden in den Abbildungen 1 und 2 dargestellt.

18 Vgl. Linhart , Eric/Shikano, Susumu: Die Generierung von Parteipositionen aus vorverschlüsselten Wahlprogrammen für die Bundesrepublik Deutschland (1949-2002), Mannheimer Zentrum für Europäische Sozialforschung, Working Paper Nr. 98 (2007); Pappi, Franz Urban/Seher, Nicole Michaele/Kurella, Anna-Sophie: Das Politikangebot deutscher Parteien bei den Bundestagswahlen 1976 im dimensionsweisen Vergleich. Gesamtskala und politikfeldspezifische Skalen, Mannheimer Zentrum für Europäische Sozialforschung, Working Paper Nr. 142 (2011).

19 Vgl. Debus, Marc: Debus, Marc (2008): Parteienwettbewerb und Koalitionsbildung in den deutschen Bundesländern, in: Jun, Uwe/Haas, Melanie/Niedermayer, Oskar (Hg.): Parteien und Parteiensysteme in den deutschen Ländern, Wiesbaden 2008, S. 57-78.

Abb. 1: Das Parteiensystem Nordrhein-Westfalens nach Bender et al.[20]

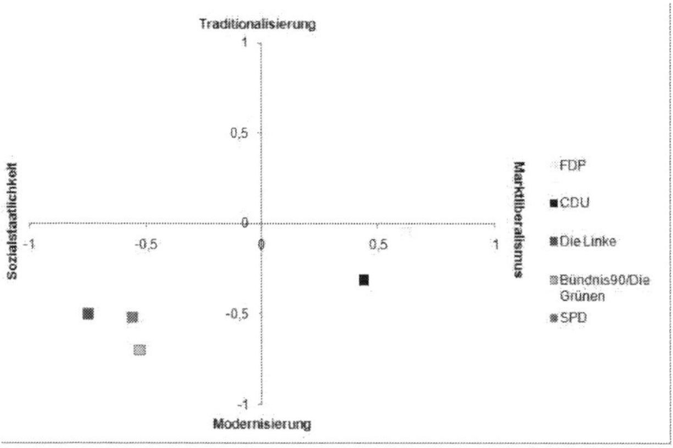

20 Bender, Marvin/Bianchi, Matthias/Jüschke, Andreas/Treibel, Jan: Der Duisburger NRW-Wahl-Index. Policy-Positionen der Parteien CDU, SPD, Grüne, FDP und Linke vor der Landtagswahl 2010 im Vergleich, Duisburg 2010, S. 12. Der Index ist auch online einsehbar unter: http://www.regierungsforschung.de/data/regierungsforschung.de__der_nrw wahlindex.pdf (24. Januar 2013). Allerdings sehen diese Analysen der Duisburger School of Governance im nordrhein-westfälischen Landtag eher einen Trend zur Lagerpolarisierung mit größerer Nähe von SPD und Grünen zur Linkspartei und größerer Distanz zu FDP und CDU.

Abbildung 2: Das nordrhein-westfälische Parteiensystem nach Ganghof et al.[21]

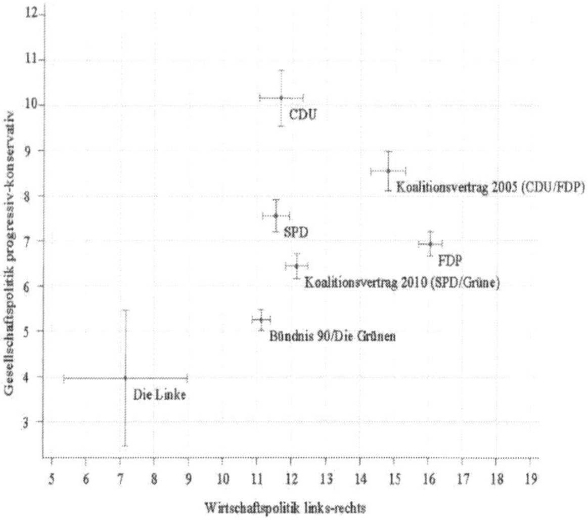

Freilich ist auch möglich, ohne Zugriff auf solche quantitativen Messungen die große ideologische Distanz der Opposition im Düsseldorfer Landtag zu erfassen. So stellt seit der Ära Adenauer der dezidierte Antikommunismus des ersten Bundeskanzlers und CDU-Vorsitzenden jene wegweisende und für die Partei identitätsstiftende Parole dar, mit der die Christdemokraten zu Beginn der Bundesrepublik geeint wurden.[22] Damals wie heute war und ist die Union mithin ein „äußerst divergierendes Sammelbündnis.[23] Vor dem Hintergrund eines solchen Antikommunismus lässt sich demnach auch in der heutigen Zeit eine längerfristige Zusammenarbeit zwischen CDU und Linke zumindest in den alten Bundesländern mit an Sicherheit grenzender Wahrscheinlichkeit ausschließen. Überhaupt ist kaum

21 Vgl. Ganghof et al.: Flexible und inkludierende Mehrheiten?, S. 891.

22 Vgl. Schwarz, Schwarz, Hans-Peter: Anmerkungen zu Adenauer, München 2007, S. 66-69.

23 Walter, Franz et al.: Walter, Franz/Werwath, Christian/d'Antonio, Oliver: Die CDU: Entstehung und Verfall christdemokratischer Geschlossenheit, Baden-Baden 2011, S. 18.

vorstellbar, dass in Westdeutschland Linkspartei und Union, die die Linke etwa in Pressemitteilungen als „Extremisten" bezeichnet hat[24], eine Minderheitsregierung durch ein konstruktives Misstrauensvotum stürzen und sich auf einen Nachfolger für das Amt des Ministerpräsidenten einigen können, wenngleich es in der Legislaturperiode des Minderheitskabinetts Kraft durchaus Gesetze gegeben hat, in denen CDU und Linkspartei einheitlich abgestimmt haben.

Beide Argumentationsstränge führen zu einer zentralen These: Die rot-grüne Minderheitsregierung verfügte über erhebliche positionsbezogene Vorteile. Sie war, wie noch zu zeigen sein wird, in der Lage, sowohl mit Linkspartei als auch mit CDU und FDP auf der anderen Seite des Parteienspektrums nach Konsens zu verhandeln; und das Minderheitskabinett schaffte tatsächlich, diese Positionsvorteile für sich zu nutzen und flexibel nach legislativen Mehrheiten zu suchen. Da zudem die nordrhein-westfälische Landesverfassung in Art. 61 ein konstruktives Misstrauensvotum zur Abwahl des Ministerpräsidenten vorschreibt, erschien nahezu ausgeschlossen, dass sich CDU, FDP und Linkspartei auf einen gemeinsamen Nachfolger für das Amt des Ministerpräsidenten einigen können. Die mittige Lage schützte in dieser Weise die rot-grüne Minderheitsregierung vor einer Amtsenthebung durch die parlamentarische Mehrheit – allerdings nur insoweit, als sie nicht hätte verhindern können, dass etwa die Minderheitsregierung zugunsten einer Großen Koalition beendet würde oder sich die Grünen zu einer Minderheitskoalition mit der CDU entschlossen hätten (die CDU hatte ebenso viele Stimmen wie die SPD im Landtag). Daher ist auch die Wahrscheinlichkeit, dass sich eine alleinige Unions-Minderheitsregierung oder eine Minderheitskoalition aus CDU und FDP formiert, weitaus geringer, da sie keine mittige Lage im Parteiensystem hätte und sich daher einer deutlich homogeneren parlamentarischen Mehrheit aus SPD, Grünen und Linke gegenüber sähe, die aus der Opposition heraus und

24 http://www.cdu-nrw.de/presse/pressemitteilungen/101-pressemitteilungen-von-andreas-krautscheid/1723-herr-gabriel-kaempfen-sie-offen-fuer-ihre-ueberzeugung-kraft-muss-zur-gemeinsamkeit-der-demokraten-zurueckkehren.html (9. April 2013).

gegen den Willen der Regierung beispielsweise die Abschaffung der Studiengebühren hätte durchsetzen können.

2.3 Ausschusswesen: „probably the most important feature favoring minority governments"

Verfügt eine Minderheitsregierung nicht über die dauerhafte Unterstützung durch eine oppositionelle Partei, befindet sie sich notwendigerweise die ganze Legislaturperiode über auf der Suche nach wechselnden Mehrheiten. Dazu benötigt sie eine adäquate Arena, in der es möglich ist, *policy*-orientiert und transaktionskostensenkend nach Konsens zu suchen. In den institutionellen Strukturen der Parlamente sind es die Ausschüsse, die diesen Ansprüchen am ehesten gerecht werden. Arend Lijphart[25] hat daher ein gut ausgeprägtes Ausschusswesen als „probably the most important feature favoring minority governments" bezeichnet, nicht zuletzt weil über einflussreiche Ausschüsse den Parteien ermöglicht wird, auf das *policy*-Ergebnis einwirken zu können, wodurch Anreize der Opposition, Regierungsämter zu übernehmen, abgemildert werden. Ein gut ausgeprägtes Ausschusswesen kompensiert damit das *office-seeking* der nicht an der Regierung beteiligten Akteure zugunsten des *policy-seeking* und stärkt so eine Minderheitsregierung im Amt: Bieten einflussreiche Ausschüsse mit weitgehenden Kompetenzen im Gesetzgebungsprozess politischen Akteuren eine Arena, entspricht also durchaus einem rationalen Kalkül der Parteien, die Oppositionsrolle einer Regierungsbeteiligung vorzuziehen und stattdessen eine Minderheitsregierung im Amt zu halten.[26]

Ausschüsse verfügen in der Struktur deutscher Parlamente typischerweise über weitreichende Einflussmöglichkeiten.[27] Die wesentliche parlamentarische Arbeit findet demnach nicht im

---

25 Lijphart: Patterns of Democracy, S. 101.

26 Vgl. ebd., S. 101-102; Strøm: Minority Governments and Majority Rule, S. 94-109.

27 Vgl. Döring, Herbert: Time as a Scarce Resource. Government Control of the Agenda, in: ders. (Hg.): Parliaments and Majority Rule in Western Europe, Frankfurt/New York, S. 223-246; Döring: Worauf gründet sich die Agenda-Setzer-Macht einer Regierung?

Plenum statt, das vielmehr „notarielle" und öffentlichkeitswirksame Funktionen hat, sondern in den Ausschüssen[28]. Die vergleichende Politikwissenschaft hat Indizes entwickelt, anhand derer die Stärke und Einflussmöglichkeiten von Ausschüssen strukturell[29] und funktional[30] beziffert werden können. Der von Strøm entwickelte Fünfpunkt-Index folgt der Annahme, dass ein Ausschuss dann besonders einflussreich ist, je spezialisierter er ist und je mehr Fachwissen sich in einem Ausschuss bündelt. Strøm operationalisiert die Ausschussstärke daher an folgenden fünf Punkten: erstens anhand ihrer Zahl, wobei ab zehn Ausschüssen eine hohe Spezialisierung vorliegt; zweitens anhand festgelegter Themenfelder, d.h. ob Ausschüsse fachspezifisch gebunden sind; drittens, ob die Ausschüsse die Ministeriumsstruktur widerspiegeln; viertens, ob die Zahl der Ausschussmitgliedschaften eines Parlamentariers begrenzt ist, da die Spezialisierung eines Abgeordneten und damit eines Ausschusses nachlässt, wenn ein Parlamentarier nicht nur auf einem, sondern auf mehreren Politikfeldern engagiert ist; und fünftens, ob sich die Anzahl der Ausschusssitze proportional nach den jeweiligen Fraktionsstärken im Landtag richtet.

Neben dieser strukturellen Erfassung des Ausschusswesens lässt sich dessen funktionale Seite noch mit der wegweisenden vergleichenden Arbeit Herbert Dörings untersuchen, der weitreichenden Einfluss der Ausschüsse auf den legislativen Prozess als Einschränkung der exekutiven Agendasetzermacht ansieht und vierstufige Kategorien vorschlägt, wobei die erste Kategorie starke Exekutiven und schwache Ausschüsse anzeigt und die vierte vice versa: Das Parlament betrachtet erstens den Originalentwurf der Regierung, an den die in den Ausschüssen vereinbarten Änderungen angehangen werden; zweitens wird nur der ursprüngliche Entwurf im Plenum berücksichtigt, wenn der federführende Minister sein Veto gegen die Änderungen einlegt; drittens haben Ausschüsse das Recht, alternative Gesetzentwürfe zu formulieren, die im Plenum dem Originalentwurf gegengehalten werden; und viertens haben Ausschüsse

28 Vgl. Leunig: Das Regierungssystem der deutschen Länder im Vergleich, S. 160-163.

29 Vgl. Minority Governments and Majority Rule, S. 71.

30 Vgl. Döring: Time as a Scarce Resource, S. 236-237.

das Recht, den von der Regierung eingereichten Entwurf nach Belieben umzuschreiben.[31]

Beide Herangehensweisen zeigen für das nordrhein-westfälische Ausschusswesen große Einflussmöglichkeiten auf den Gesetzgebungsprozess. Zunächst zum von Strøm entwickelten Index[32]: Derzeit sind neben Haupt-, Petitions- und Wahlprüfungsausschüssen 14 fachspezifische Ausschüsse eingesetzt, von denen manche weitere Unterausschüsse haben. Diese Ausschüsse haben stets einen spezifischen fachpolitischen Bezug, der aber nicht immer Ressortzuschnitte im Kabinett widerspiegelt. Auch wenn sich manche Politikfelder einiger Ministerien auf verschiedene Ausschüsse aufteilen, werden insgesamt weitgehend alle Politikfelder in den Ausschüssen abgedeckt. Die Anteile der Parteien richten sich nach §13 der Geschäftsordnung des Landtags Nordrhein-Westfalen (LtNRWGO) nach der Fraktionsstärke, wenngleich nicht die Geschäftsordnung (oder die Verfassung) die Größe eines Ausschusses festlegt, sondern durch den Ältestenrat vorgeschlagen wird (§48 Abs. 1 LtNRWGO). Zudem ist in der großen Mehrheit der Fälle ein Abgeordneter Mitglied in maximal zwei Ausschüssen, drei oder vier Ausschussmitgliedschaften sind dagegen seltene Ausnahmen (stellvertretende Mitgliedschaften oder Mitgliedschaften in Unterausschüssen nicht berücksichtigt).

Nach dem Strøm-Index verfügt Nordrhein-Westfalen also über sehr einflussreiche Ausschüsse: Drei der fünf Punkte im Index (Zahl der Ausschüsse, Fachspezifität, Besetzung nach Parlamentsmehrheiten) entsprechen der Operationalisierung Strøms vollständig; und auch wenn dies hinsichtlich der Begrenzung der Mitgliedschaften in Ausschüssen sowie die Bildung der Ausschüsse nach Ministeriumsstruktur nicht vollends der Fall ist, so deuten doch auch diese beiden Punkte eher auf eine hohe Spezialisierung der Ausschüsse hin und somit nach Strøms Herangehensweise auf weitreichenden Ausschusseinfluss. Diese Einschätzung bestätigt sich auch hinsichtlich der

31 Vgl. ebd.

32 Da keine Daten zum Ausschusswesen der vergangenen 15. Legislaturperiode zur Verfügung stehen, wird im Folgenden auf die Daten der derzeitigen 16. Legislaturperiode zurückgegriffen. Es ist aber nicht davon auszugehen, dass sich die Daten grundlegend geändert haben.

funktionalen Seite des Ausschusswesens nach Döring: So sieht §71 Abs. 1 LtNRWGO vor, dass Änderungen, die in den Ausschüssen beschlossen wurden, durch den Landtagspräsidenten dem ursprünglichen Gesetzentwurf gegenübergestellt werden sollen. Dies entspricht der dritten Kategorie auf Dörings Agendasetzer-Index und spricht den Ausschüssen weitreichende Befugnisse im Gesetzgebungsprozess zu. Gemessen an diesen beiden herangezogenen Indizes zur Erfassung der Ausschussstärke verfügt das nordrhein-westfälische Regierungssystem über ein durchaus einflussreiches Ausschusswesen. Und wie noch an anderer Stelle gezeigt wird, haben die Ausschüsse einen nicht geringen Beitrag zur Stabilität von Hannelore Krafts rot-grüner Minderheitsregierung geleistet.

2.4 Minderheitsregierungen und Agendasetzermacht

Die Verhandlungsumwelt und damit die Stabilität einer Minderheitsregierung können nicht nur durch die mittige Lage einer Minderheitsregierung verbessert werden, sondern auch, und gegebenenfalls in Kombination mit dieser, durch institutionelle Instrumente, die politische Abstimmungsagenda und damit das Abstimmungsverhalten vor allem der oppositionellen Abgeordneten beeinflussen und diese dazu zu bringen, mit der von der Regierung eingebrachten Gesetzesvorlage zu stimmen. In der vergleichenden Politikwissenschaft sind daher vor allem zwei Instrumente des Agendasettings hervorgehoben worden, welche die Performanz von Minderheitsregierungen im Amt erheblich verbessern können: das Privileg des letzten Änderungsantrages („*last offer authority*") sowie die Verbindung einer Sachfrage mit der Vertrauensfrage. Mit dem Recht, einen abschließenden und unveränderbaren Änderungsantrag einbringen zu können, sind für eine Regierung zwei Vorteile verbunden: Sie kann erstens verhindern, dass die Opposition den Gesetzgebungsprozess mit einer Flut von Änderungsanträgen wesentlich verzögert[33]; so wäre etwa der rot-grünen Minderheits-

33 Vgl. Döring: Worauf gründet sich die Agenda-Setzer-Macht einer Regierung?, S. 111-113.

regierung die zeitaufwändige Filibuster-ähnliche Prozedur erspart geblieben, jene 76 Änderungsanträge ablehnen zu müssen, die die FDP-Fraktion während der Haushaltsgesetzgebung 2011 eingebracht hat. Zweitens kann eine Regierung mit dem letzten Änderungsrecht einen allerletzten Änderungsantrag einbringen, der den ursprünglichen Status quo des Originalentwurfes wiederherstellt, oder – und dies ist für Minderheitsregierungen äußerst relevant – mit einem geänderten Entwurf ein letztes Angebot an die oppositionellen Fraktionen machen. Gleichviel, ob nun mit einer letzten Änderung noch der alte Status quo wiederhergestellt oder ein neues Angebot gemacht wurde, setzt diese Änderung als *take it or leave it*-Forderung die Opposition unter Druck. Es ist daher zu erwarten, dass es einen Zusammenhang gibt zwischen der Existenz eines letzten Änderungsrechtes und der Formierung von Minderheitsregierungen. Dieser Zusammenhang besteht zwar tatsächlich, ist aber statistisch gesehen nicht sehr stark, auch weil es in Norwegen kein Privileg des letzten Änderungsantrages gibt.[34]

Das deutsche Regierungssystem kennt die *last offer authority* nicht. Alternativ setzt aber auch die Kombination von Sachfrage und Vertrauensfrage, wie sie im Grundgesetz in Art. 68 festgelegt wird, die Parlamentarier unter Druck: „Sie erlaubt es, dem Regierungschef sowohl die inhaltliche Sachentscheidung im politischen Raum zu verorten, als auch die Nutzenfunktion der Abgeordneten zu verändern, indem er sie mit Mandats- und Amtsverlust bedroht. […] Die Nutzenfunktion der Abgeordneten beinhaltet die Kosten der ungeliebten Gesetzesvorlage im Verhältnis zum Status Quo und die elektoralen Kosten, mit denen ein Abgeordneter bei der Wahl konfrontiert ist."[35] Die Abgeordneten werden gezwungen, sich zwischen der Terminierung einer Regierung oder der Unterstützung eines Gesetzesvorhabens zu entscheiden; und sind die Aussichten auf eine

34 Vgl. ebd., S. 119-121; siehe auch Heller, Making Policy Stick. Why the Government Gets What It Wants in Multiparty Parliaments, in: American Journal of Political Science 45 (2001), S. 791.

35 Hönnige, Christoph: Die Vertrauensfrage des Bundeskanzlers als Instrument der Agendakontrolle in vergleichender Perspektive, in: Ganghof, Christoph et al. (Hg.): Parlamente, Agendasetzung und Vetospieler. Festschrift für Herbert Döring, Wiesbaden 2009, S. 27.

Wiederwahl gering, werden jene Abgeordnete tendenziell eher für ein Gesetz stimmen, als eine Parlamentsauflösung zu riskieren. Anders als in Mehrheitssituationen aber dient die Vertrauensfrage als Mittel der Agendasetzermacht in Minderheitssituationen nicht der Disziplinierung der Regierungsfraktionen, sondern vor allem dem Zwang der Opposition, mit einem Regierungsvorhaben zu stimmen. Dies freilich ist nur dann möglich, wenn mindestens eine oppositionelle Fraktion sich der Wiederwahl, etwa durch eine Sperrklausel bei zu niedrigem Stimmenanteil, nicht sicher sein kann. Da die Vertrauensfrage eine deutlich schärfere Waffe ist als das letzte Änderungsrecht, ist sie allerdings untrennbar mit der Gefahr verbunden, in der Öffentlichkeit als Repression des Parlaments empfunden und vom Elektorat nicht goutiert zu werden, zumal nicht bei häufiger Anwendung.[36]

Für das Regierungssystem Nordrhein-Westfalens aber gilt auch das, was für das politische System auf Bundesebene gilt: Regierungen in Deutschland verfügen typischerweise nur in geringem Ausmaß über Möglichkeiten, die parlamentarische Abstimmungsagenda zu bestimmen.[37] In Nordrhein-Westfalen haben Regierungen weder das Privileg des letzten Änderungsantrages noch die Möglichkeit, die Vertrauensfrage mit einer Sachfrage zu verknüpfen. Wie noch zu zeigen sein wird, wurde von den Fraktionsführern der rot-grünen Minderheitsregierung in Nordrhein-Westfalen das Recht des Parlamentes, sich mit absoluter Mehrheit selbst aufzulösen (Art. 35 NRW-LV), als Quasi-Äquivalent zur Vertrauensfrage genutzt. Da die CDU allein schon aus Gründen der Glaubwürdigkeit sich einem solchen Antrag nicht verwehren würde – sie hatte die Regierung stets als „Regierung der Instabilität" kritisiert[38] –, wurde das parlamentarische Selbstauflösungsrecht genutzt, um vor allem ge-

36 Döring: Worauf gründet sich die Agenda-Setzer-Macht einer Regierung?, S. 112.

37 Vgl. Döring: Time as a Scarce Resource.

38 Gleichzeitig hatte die CDU aber angekündigt, keine „Totalopposition" sein zu wollen. Siehe http://www.zeit.de/politik/deutschland/2010-07/kraft-laumann-rot-gruen (29. März 2013); http://www.cdu-nrw.de/politik/archiv/meldungen/2055-100-tage-bilanz-der-minderheits regierung-regierung-regiert-nicht.html (29. März 2013).

genüber Linkspartei und FDP mit Neuwahlen zu drohen, bei denen diese wohl an der Fünfprozenthürde scheitern würden. Da die oppositionellen Parteien mit ihrer parlamentarischen Mehrheit zu jeder Zeit den nordrhein-westfälischen Landtag aufzulösen vermögen, muss für die Stabilität einer Minderheitsregierung, so lautet die These vorliegender Studie, die Anreizstruktur zumindest einer Oppositionspartei derart sein, dass sie kein Interesse an einer Parlamentsauflösung haben kann, eher den bisherigen Status quo bewahren möchte und damit die Minderheitsregierung im Amt hält.

Dennoch bietet das nordrhein-westfälische Verfassungssystem eine institutionelle Einrichtung, die einer Minderheitsregierung als Mittel des Agendasettings dienen kann; und auch hierbei spielt die öffentliche Zustimmung bzw. Ablehnung von Parteien in Umfragen eine wesentliche Rolle. So sieht Art. 68 Abs. 3 NRW-LV das Recht einer Landesregierung vor, ein im Parlament abgelehntes Recht zum Volksentscheid zu stellen. Wird in diesem Volksentscheid bei einer Wahlbeteiligung von mindestens 15 Prozent der Wahlberechtigten das Gesetz angenommen, kann eine Regierung daraufhin den Landtag auflösen; scheitert der Entscheid, muss sie zurücktreten. So ist die Gesetzgebung „letztlich latent mit der Vertrauensfrage verknüpft“[39] und die Opposition bei schlechten Umfragewerten durch diese im Bundes- und Ländervergleich einmalige konstitutionelle Einrichtung[40] zur konstruktiven Arbeit mit einer Minderheitsregierung gezwungen, sofern sie keine Parlamentsauflösung und mithin ihre Wiederwahl in den Landtag riskieren will.[41]

2.5 Die Vorteile des Verwaltungshandelns

Mit der Strukturierung des Parlamentes in Regierung und Opposition erfolgt auch die Verteilung des Zugriffs auf den Verwaltungsapparat der Ministerialbürokratie, und hiermit der Zugriff auf eine mithin beträchtliche Machtressource, und das

39 Klecha: Minderheitsregierungen in Deutschland, S. 158.

40 Nur die Landesverfassungen von Nordrhein-Westfalen und Baden-Württemberg kennen diese Einrichtung.

41 Vgl. Klecha: Minderheitsregierungen in Deutschland, S. 157-158.

in doppelter Weise: erstens durch die Einflussnahme auf die Ministerialbürokratie, zweitens durch die Möglichkeit des Verwaltungshandelns durch den Erlass von Rechtsverordnungen. So spielt sie eine wesentliche Rolle bei der Formulierung von Gesetzesentwürfen und beim Agendasetting innerhalb des Ministeriums, und die Implementierung von beschlossenen Gesetzen erfolgt fast ausschließlich durch den Verwaltungsapparat. In der Regel verfügen Ministerialbeamte über mehr Fachwissen und über bessere Kontakte zu nicht-staatlichen Expertenorganisationen und Interessenverbänden als Parlamentarier und zum Teil auch als Fachminister, nicht zuletzt wegen der steigenden Komplexität politischer Sachfragen, aber auch weil Ministerialbeamte ihre Ämter länger innehaben als Minister und Parlamentarier. Die Politik dagegen sucht ihren Machtverlust durch politische Kontrolle zu kompensieren. In einer Umfrage der bürokratischen Führungsebene des Bundes gaben 75 Prozent der Staatssekretäre, sechzig Prozent der Abteilungsleiter und ein Drittel der Unterabteilungsleiter an, Mitglied einer Partei zu sein. Dass rund die Hälfte des bürokratischen Spitzenpersonals nach einem Regierungswechsel ausgetauscht wird, ist in der Geschichte der Bunderepublik zudem eine nicht seltene Praxis.[42]

In Nordrhein Westfalen spricht Art. 77 NRW-LV das Recht auf Einrichtung der Verwaltungsbehörden der Landesregierung respektive den jeweils verantwortlichen Ministern zu und damit die Möglichkeit, insbesondere Führungspositionen der Ministerialbürokratien mit Vertrauenspersonen zu besetzen. Die Landesregierung erhält damit Zugriff auf einen rund 5000 Beamte umfassenden ministeriellen Bürokratieapparat. Zugleich ermöglichen Art. 80 Abs. 1 GG und als dessen Entsprechung in Art. 70 NRW-LV einer Landesregierung, Rechtsverordnungen zu erlassen, und stellen so institutionelle Ressourcen einer Re-

42 Vgl. Schwanke, Katja/Ebinger Falk: Politisierung und Rollenverständnis der deutschen Administrativen Elite 1970 bis 2005 – Wandel trotz Kontinuität, in: Bogumil, Jörg/Jann, Werner/Nullmeier, Frank (Hg.): Politik und Verwaltung, Politische Vierteljahresschrift Sonderband 37, Wiesbaden 2006, S. 227-249; Niederhafner, Stefan/Speth, Rudolf: Die Ministerialbürokratien in Deutschland – Vom Kellner zum Koch, in: Forschungsjournal Neue Soziale Bewegungen 17 (2004), S. 23-35.

gierung dar, in gewisser Weise gesetzgeberisch tätig zu werden, ohne hierfür parlamentarischer Zustimmung zu bedürfen. Dies gehört zur gängigen Praxis aller Regierungen jedweden Typs, ist aber aus naheliegenden Gründen insbesondere für Minderheitsregierungen von Bedeutung. Die Möglichkeit der Rechtsetzung durch Verordnungen ermächtigt „zur Rechtsetzung im Detail".[43] Ob und bis zu welchem Ausmaß Verwaltungshandeln durch Rechtsverordnungen gewissermaßen als Ersatzgesetze angewandt werden können, hängt von der jeweiligen gesetzlichen Grundlage in einem bestimmenden Politikfeld ab. Denn erstens bedarf es zum Erlass einer Verordnung stets der rechtlichen Fixierung, dass der Verordnungserlass grundsätzlich möglich ist; zweitens werden in diesen Gesetzen zugleich „Inhalt, Zweck und Ausmaß der erteilten Ermächtigung" (Art. 70 NRW-LV) festgelegt. Die Versuche der rot-grünen Minderheitsregierung zur Einführung der Gemeinschaftsschule zeigen mithin die Bedeutung des Verwaltungshandelns: Der Versuch, die Gemeinschaftsschule als Schulversuch und ohne Befragung des Parlamentes einzuführen, erfolgte auf Grundlage einer Verordnung des Schulministeriums.

2.6 Das Landesverfassungsgericht als Vetospieler

Die Theoretisierung des Einflusses der Verfassungsgerichtsbarkeit als Vetomacht im politischen Spiel ist grundsätzlich ein sensibles Thema; und noch heikler ist, zu prognostizieren, welchen Einfluss ein Verfassungsgericht auf das Regierungshandeln eines Minderheitskabinettes haben kann. Während die juristischen Idealvorstellungen von der in Art. 97 Abs. 1 GG auch verfassungsrechtlich zugesicherten richterlichen Unabhängigkeit[44],

---

43 Klecha: Minderheitsregierungen in Deutschland, S. 38.

44 Vgl. van Bargen, Jan Malte: Die Rechtsstellung der Richterinnen und Richter in Deutschland – Teil 1, in: Deutsche Richterzeitung 88 (2010), S. 101-103 und ders.: Die Rechtsstellung der Richterinnen und Richter in Deutschland – Teil 2, in: Deutsche Richterzeitung 88 (2010), S. 133-136; Bertrams, Wegweisende Entscheidungen des nordrhein-westfälischen Verfassungsgerichtshofs aus den letzten beiden Jahrzehnten, in: Nordrhein-Westfälische Verwaltungsblätter 21 (2007), S. 375.

legen empirische Arbeiten nahe, dass Verfassungsrichter „act according to their preferences and that these preferences can be measured by their party affilitation".[45] Und während Tsebelis argumentiert, dass Verfassungsgerichte in ihrer Funktion als Vetospieler von den Parteien, die in Deutschland die Wahl der Bundesverfassungsrichter bestimmen, absorbiert würden[46], demonstrierte beispielsweise das Urteil des nordrhein-westfälischen Landesverfassungsgerichts zum Nachtragshaushalt 2010, den die rot-grüne Minderheitsregierung eingebracht hatte, sein erhebliches Vetopotenzial. Und so gibt es letztlich gute Gründe, dem Kommentar Heribert Prantls über das Bundesverfassungsgericht und damit zugleich über Landesverfassungsgerichte zuzustimmen: „Es ist natürlich politisch. Wer darüber urteilen darf, was Politik machen darf und was nicht, macht Politik; also macht das Bundesverfassungsgericht Politik. [...] Das Gericht ist Herr der Verfassung, und bisweilen Lenker der Politik."[47]

Anders als beim Bundesverfassungsgericht und bei den meisten Verfassungsgerichten der Länder werden nur vier der sieben nordrhein-westfälischen Verfassungsrichter von den Parteien im Parlament gewählt; lediglich Rheinland-Pfalz weicht ebenfalls von der ansonsten bundesweit üblichen Ernennung der Verfassungsrichter ab.[48] Nach Art. 76 Abs.1 NRW-LV haben drei der Richter ihre Stellung qua Amt inne: der Präsident des

---

45 Hönnige, Christoph: The Electoral Connection: How the Pivotal Judge Affects Oppositional Success at European Constitutional Courts, in: West European Politics 32 (2009), S. 963.

46 Vgl. Tsebelis: Veto Players, S. 223-235. Tsebelis geht davon aus, dass Verfassungsrichter durch die hohen Quoren, die für ihre Wahl zumeist verlangt werden, ideologisch eine Medianposition einnehmen und sich daher die Positionen von den die Richter wählenden Parteien und den Verfassungsrichter tendenziell decken. In einem Fall, in dem ein Vetospieler die gleichen Präferenzen hat wie ein zweiter Vetospieler spricht Tsebelis davon, dass der eine von dem andern Spieler „absorbiert" wird (vgl. Tsebelis 2002: 26-28).

47 Prantl, Heribert: Festreden und fest treten – Die Politik und das Bundesverfassungsgericht, in: Deutsche Richterzeitung 87 (2009), S. 287.

48 Vgl. Flick, Martina: Flick, Martina: Landesverfassungsgerichtsbarkeit, in: Freitag, Markus/Vatter, Adrian (Hg.): Die Demokratien der deutschen Bundesländer. Politische Institutionen im Vergleich, Opladen/Farmington Hills 2008, S. 244

Oberverwaltungsgerichtes, der zugleich auch Präsident des Verfassungsgerichtshofes ist, und die beiden lebensältesten, nicht dienstältesten, Oberlandesgerichtspräsidenten. §4 Abs. 3 des Gesetzes über den Verfassungsgerichtshof für das Land Nordrhein-Westfalen (VerfGHG) regelt die Wahl der Verfassungsrichter: „Einigen sich nicht mindestens zwei Drittel der Mitglieder des Landtages auf einen gemeinsamen Vorschlag für die Wahl, so sind zunächst in jedem Wahlgang zwei Mitglieder zu wählen. Jeder Abgeordnete kann seine Stimme in diesem Fall in jedem Wahlgang nur für einen Kandidaten abgeben. Gewählt sind die beiden Kandidaten, die die meisten Stimmen erhalten. Steht nur ein Wahlmitglied oder Vertreter zur Wahl, so ist gewählt, wer die meisten Stimmen erhalten hat."

Durch das besondere Ernennungsverfahren des Verfassungsgerichtshofes sollte ein gewisses Maß an personeller Kontinuität beibehalten und zugleich die Professionalität des Gerichts gewahrt werden, indem das Verfassungsgericht der Parteipolitisierung ein Stück weit entzogen wird.[49] Dennoch ist auch der nordrhein-westfälische Verfassungsgerichtshof insofern immer mehr zum Schauplatz hochpolitischer Streitigkeiten geworden, als seit den 1990er Jahren Regierung und Opposition ihre Auseinandersetzungen zunehmend in Form von Organstreitverfahren vor dem Landesverfassungsgericht Nordrhein-Westfalens austragen. Gab es in den ersten dreißig Jahren seit seiner Installation nur eine verhandelte Organstreitigkeit in insgesamt 165 Verfahren, ist diese Zahl seither auf mehr als zwanzig einschlägige Sachentscheidungen angestiegen. Unter den vielbeachteten Urteilen neben jenem zum Nachtragshaushalt 2010 war etwa der Spruch über die Unrechtmäßigkeit der Zusammenlegung von Innen- und Justizministerium 1998 mit dem Urteil ein Jahr später.[50] Anlässlich der Kommunalwahl 1994 erklärte der Verfassungsgerichtshof die Fünfprozenthürde auf kommunaler Ebene für unzulässig, wodurch kleineren Bürger-

---

49 Vgl. Mann, Thomas: Art. 76 (Zusammensetzung des VerfGH), in: Löwer, Wolfgang/Tettinger, Peter J. (Hg.): Kommentar zur Verfassung des Landes Nordrhein Westfalen, Stuttgart 2002, S. 1022-1029.

50 Vgl. Bertrams: Wegweisende Entscheidungen des nordrhein-westfälischen Verfassungsgerichtshofs aus den letzten beiden Jahrzehnten.

initiativen und Parteien der Einzug in Gemeinde- und Stadträte ermöglicht wurde.[51]

Alles in allem aber gilt das nordrhein-westfälische Verfassungsgericht im deutschen Ländervergleich als eines der Gerichte mit dem kleinsten Kompetenzbereich. Zwar hat der Verfassungsgerichtshof das Recht, über Organstreitigkeiten, über abstrakte und konkrete Normenkontrollen sowie über Wahlprüfung, Wahlausschluss, Ministerklage und die Zulässigkeit von Volksbegehren zu entscheiden (Art. 75 NRW-LV; §12 VerfGHG). Dass das Verfassungsgericht Nordrhein-Westfalens aber über vergleichsweise geringe Kompetenzen verfügt, liegt erstens daran, dass in der Landesverfassung der Fraktionsbegriff nicht vorkommt, dass daher auch die Rechte der parlamentarischen Opposition nicht konstitutionell fixiert sind, und dass es zweitens in Nordrhein-Westfalen die Möglichkeit der Verfassungsbeschwerde – neben Organstreitigkeiten zumeist die Hauptaufgabe von Verfassungsgerichten – nur für Kommunen gibt und nicht für Einzelpersonen.[52] Es entbehrt daher nicht einer gewissen Ironie, dass ein in diesem Sinne schwaches Verfassungsgericht mit seinem Urteil vom 15. März 2011 den von der rot-grünen Minderheitsregierung eingebrachten Nachtragshaushalt für verfassungswidrig erklärt und damit sein beträchtliches Vetopotenzial aufgezeigt hat, zumal das Urteil unmittelbar in die Phase der Einbringung des Etatgesetzes für das Haushaltsjahr 2011 und der ersten Sitzung des federführenden Haushalts- und Finanzausschusses fiel.[53]

51 Korte, Karl-Rudolf/Florack, Martin/Grunden, Timo: Regieren in Nordrhein-Westfalen. Strukturen, Stile und Entscheidungen 1990 bis 2006, Wiesbaden 2006, S. 83.

52 Vgl. Flick: Landesverfassungsgerichtsbarkeit.

53 Bereits am 18. Januar 2011 stoppte das Landesverfassungsgericht den Nachtragshaushalt 2010 mit einer einstweiligen Anordnung, die bis zum endgültigen Urteil bestehen bleiben sollte.

2.7 Opposition und Minderheitsregierungen: Interaktionen und Zwangslagen

Das Verhältnis zwischen Regierung und Opposition unterscheidet sich erheblich in Abhängigkeit davon, ob eine Regierung über einen Mehrheitsstatus im Parlament verfügt oder nicht. Da Minderheitsregierungen auf die Unterstützung der Opposition angewiesen sind, bieten sie dieser zwangsläufig die Möglichkeit der Teilnahme im politischen Entscheidungsprozess – vor allem dann, wenn sich ein Minderheitskabinett nicht auf die dauerhafte Tolerierung einer oppositionellen Partei verlassen kann respektive muss, sondern je Sachfrage ad hoc nach wechselnden Mehrheiten sucht und zumeist mit der Oppositionspartei Kompromisse schließt, die die wenigsten Zugeständnisse abfordert, d.h. die die größte *policy*-Kongruenz mit der Minderheitsregierung aufweist. Dies hat zugleich eine wesentliche Implikation: Der legislative Prozess wird gewissermaßen zu einem Spiel, an dem in Nordrhein-Westfalen vier Akteure beteiligt sind, fasst man die Regierungskoalition als unitarischen Akteur nebst drei Oppositionsparteien auf. Da die Minderheitsregierung notwendigerweiser der Unterstützung durch mindestens eine oppositionelle Partei bedarf,[54] muss sich die Regierung mit mindestens einem weiteren Spieler zusammenfinden. Aus spieltheoretischer Sicht[55] bedeutet dies, dass in jedem politischen Spiel Ergebnisse erzielt werden müssen, bei dem keiner der beteiligten Akteure verliert – ansonsten würden das Spiel und damit das Gesetzesvorhaben der Regierung scheitern. Freilich ist, wie noch gezeigt wird, die Selbstwahrnehmung als „Verlierer“ ein ob der Ziele, Motive und Interessen der Akteure deutlich komplexeres Konstrukt, als es zunächst erscheinen mag.

---

54 Da der rot-grünen Minderheitsregierung nur eine Stimme zur absoluten Mehrheit fehlte, wäre es ebenso möglich gewesen, eine Mehrheit im Parlament auch nur durch einen einzigen oppositionellen Abgeordneten herzustellen. Zu einer solchen Situation kam es in der 15. Legislaturperiode jedoch nicht.

55 Vgl. Nash, John Forbes: The Bargaining Problem, in: Econometrica 18 (1950), S. 155-162.

Dies rückt die Opposition in den Mittelpunkt der Betrachtung; und es wirft die Frage auf nach den Handlungsoptionen der Opposition, die stets vor die Wahl gestellt ist, eine Minderheitsregierung zu blockieren oder zu unterstützen und so die mit der Minderheitssituation verbundenen Einflussmöglichkeiten auszunutzen. Allgemein formuliert aktivieren solche Situationen, „indem sie zum Handeln auffordern, selektiv bestimmte Handlungsorientierungen". Wie die Autoren betont haben, sind diese Handlungsorientierungen stets abhängig von der Beschaffenheit der jeweiligen Akteure.[56] Klassischerweise werden ihnen drei zentrale Motive unterstellt: *policy-*, *office-* und *vote-seeking*, also das Streben nach Einfluss auf den Entscheidungsprozess, nach Ämtern und nach Stimmen bei Wahlen.[57] Diese Dreifaltigkeit der Motive kann für die Opposition in Minderheitssituationen inkompatibel sein und zu einem mithin unauflösbaren Dilemma führen.

Notwendigerweise ist die *policy*-Dimension für oppositionelle Parteien noch am ehesten zu bedienen. Minderheitsregierungen bedürfen zwangsläufig der externen Unterstützung, um Mehrheiten für ihre Vorhaben zu organisieren. Sie müssen daher entweder dezidiert mit einer Oppositionspartei kooperieren, um zu einem mehrheitsfähigen Konsens zu gelangen (siehe Schulkompromiss), oder sie müssen ihren Gesetzentwurf in einer Form formulieren, die den Präferenzen mindestens einer Oppositionspartei entspricht (siehe Haushaltsgesetz 2011). Insofern kann in Minderheitssituationen die *policy*-Dimension die *office*-Dimension ersetzen.[58] Zudem kann es für die Opposition Momente geben, in denen sie vor der Wahl steht, ihre *office*- und *policy*-Interessen mit- und gegeneinander abzuwägen – und zwar in Situationen, in denen der Fortbestand der Minderheitsregierung von einem Gesetzentwurf abhängig ist, der mit den *policy*-Motiven der Opposition nur bedingt vereinbar ist. Sollte die Opposition im Falle von Neuwahlen um ihre Parlaments-

56 Vgl. Mayntz/Scharpf: Der Ansatz des akteurzentrierten Institutionalismus, S. 52-59.

57 Vgl. Müller, Wolfgang C./Strøm, Kaare: Political Parties and Hard Choices, in: dies. (Hg.): Policy, Office or Votes? How Political Parties in Western Europe Make Hard Decisions, Cambridge 1999, S. 1-35.

58 Vgl. Strøm: Minority Governments and Majority Rule.

mandate (*offices*) fürchten, kann ihnen in diesem *trade-off* rationaler erscheinen, eher ein tendenziell unattraktives Gesetzesvorhaben passieren zu lassen, um hierdurch ihre Ämter zu sichern. Die Stärke einer Minderheitsregierung liegt dann in der Schwäche der Opposition.[59]

Die übergeordnete Anreizstruktur, die das Handeln der Opposition und die Interaktion mit der Minderheitsregierung bestimmt, ergibt sich also im Wesentlichen aus den Umfragewerten der Parteien. Während der gesamten zwanzig Monate, in denen die rot-grüne Minderheitskoalition im Amt war, konnten FDP und Linke in Umfragen kaum mehr als sechs Prozent der Wählerstimmen für sich gewinnen; und während der gesamten Legislaturperiode vermochte keine dieser beiden Parteien, sich entscheidend von der Fünfprozenthürde zu distanzieren. Weder FDP noch Linkspartei konnten daher ein Interesse an einem Scheitern der Regierung haben, da ihnen im Falle von Neuwahlen der Verlust der Landtagsmandate drohte. Bemerkenswerterweise fiel das Scheitern der Minderheitsregierung im März 2012 just in jene Phase, in der die Linkspartei bei rund vier Prozent lag und die FDP mit zwei Prozent ihr Allzeittief in der 15. Legislaturperiode erreicht hat.[60] Warum die Minderheitsregierung dennoch scheiterte, obwohl eigentlich weder FDP noch Linke (und auch nicht die CDU) zu diesem Zeitpunkt Interesse an einem Scheitern der Regierung haben konnten, wird an späterer Stelle, in Kapitel 6, erläutert.

Um die Schwäche der Opposition aber wusste Krafts Minderheitskabinett; und die Ministerpräsidentin vermochte die Zwangslage der FDP und Linkspartei für sich zu nutzen, um bei wichtigen Gesetzen wie der Feststellung der Haushaltspläne mit der Auflösung des Parlamentes als Quasi-Instrument zur Herstellung von Agendasetzermacht zu drohen, schwache Oppositionsparteien zur Entscheidung zu zwingen, gegen die Regierung zu stimmen und den Verlust der eigenen Mandate zu riskieren oder die Regierung zu unterstützen und ein möglich-

---

59 Siehe. http://www.spiegel.de/politik/deutschland/kommentar-zur-nrw-entscheidung-koalition-der-willigen-a-706469.html (23. April 2013).

60 Vgl. die Daten von Infratest Dimap, online abrufbar unter: http://www.infratest-dimap.de/umfragen-analysen/bundeslaender/nordrhein-westfalen/sonntagsfrage/ (10. April 2013).

erweise unbeliebtes Gesetz im Parlament passieren zu lassen. Das Stabilisierungspotenzial der Minderheitsregierung speiste sich damit nicht nur aus dem natürlichen Umstand, der Opposition *policy*-Einflüsse im Gesetzgebungsprozess zu ermöglichen und durchaus Anreize dafür zu geben, eine Minderheitsregierung im Amt zu halten, sondern auch daraus, dass es für eine Oppositionspartei attraktiver sein kann, mit einer Minderheitsregierung zu kooperieren und diese zu stützen statt die Konfrontation zu suchen und gegebenenfalls eigene Parlamentsämter (*office*-Dimension) und damit beträchtlichen Einfluss zu verlieren.

Mit diesen Erwägungen mussten sich nicht nur FDP und Linke befassen, sondern gleichsam auch die Christdemokraten. Diese waren zwar keineswegs mit der Gefahr konfrontiert, im Falle von Neuwahlen den Einzug in den Landtag zu verpassen; doch musste die CDU je nach Stimmungslage und Reputation für Regierung und Opposition befürchten, dass nach einer Parlamentsauflösung und vorgezogenen Neuwahlen die bisherige Minderheitsregierung über eine Mehrheit im Parlament verfügen könnte. Da sie dann ihre Möglichkeiten des *policy*-Einflusses im Gesetzgebungsprozess hätte verlieren können, konnte auch die Union nur wenig Interesse an einem Scheitern der Minderheitsregierung haben. Ferner musste sie befürchten, dass die FDP den Wiedereinzug ins Parlament verpassen und der Union damit ein wichtiger Partner während der Regierungsbildung fehlen würde. Zugleich aber hatte sie ja, wie oben bereits bemerkt, die Regierungsinstabilität kritisiert, die durch ein Minderheitskabinett zu entstehen vermag. Sie würde sich daher kaum auf eine länger währende Tolerierung der rot-grünen Minderheitsregierung einlassen, die über punktuelle Unterstützung hinausgegangen wäre. Eher würde sie sich darauf verlassen müssen, dass in Schlüsselmomenten der Legislaturperiode, in denen es um Wohl und Wehe der Regierung und um deren vorzeitiges Ende gehen würde, vor allem FDP und Linke das Minderheitskabinett Kraft im Amt hielten.

Minderheitssituationen bieten also der Opposition generell größere Möglichkeiten der *policy*-Teilnahme, die das *office-seeking* kompensieren können. Diese potenziellen Einflussmöglichkeiten sind eine Chance der Opposition, sie sind aber in gleicher Weise auch ein Dilemma, das die dritte Dimension der Parteienmotive betrifft, das *vote-seeking*. Denn die grundlegende Aufgabe der Opposition besteht darin, die Regierung zu kontrollieren, alternative Politikprogramme zu formulieren sowie potenziell die Regierungsverantwortung zu übernehmen. Unterstützen die Oppositionsparteien also eine Minderheitsregierung allzu sehr, weil sie der Gefahr von Neuwahlen aus dem Weg gehen wollen, kommen sie in diesem Sinne ihrer Oppositionsfunktion nicht nach und verärgern möglicherweise ihre Wählerschaft, weil die Opposition durch ihre Unterstützung eher die Politik der „Konkurrenz" verfolgt. Die Opposition kann sich jedoch ebenso unpopulär machen, wenn sie die Einflussmöglichkeiten nicht ausnutzt, die ihr eine Minderheitsregierung zwangsläufig bietet – und zwar auch aus Sicht der eigenen Wähler: Entscheidet sich eine Oppositionspartei A für ein *blame game*, so kann ihr von der Öffentlichkeit und der Wählerschaft vorgeworfen werden, ihre Möglichkeiten ungenutzt zu lassen und notwendige Reformen zu blockieren, sodass jene Politikergebnisse, die eine Minderheitsregierung mithilfe einer anderen Oppositionspartei B erzielt hat, weiter von den eigenen Präferenzen von A abweichen, als dies der Fall gewesen wäre, wenn A sich anstelle einer Blockadepolitik für eine Kooperation entschieden hätte. In einem solchen Fall droht das geplante *blame game* dieser Oppositionspartei, das ursprünglich der Reputation der Minderheitsregierung schaden sollte, negativ auf die Oppositionspartei zurückzufallen. Der Grad des „richtigen" Verhaltens für die externen Parteien, das rechte Maß zwischen wirklicher Oppositionsarbeit und Kooperation mit einer Minderheitsregierung zu finden, ist so nur schwer einzuhalten. Das Bestreben, *policy*- und *office*-Motive zu bedienen, kann also dem *vote-seeking* widersprechen.[61]

Empirisch zeigt sich, dass vor allem die Partei des Oppositionsführers dann beträchtliche Stimmverluste erleiden muss, wenn die Öffentlichkeit die Arbeit einer Minderheitsregierung goutiert. Es zeigt sich tendenziell auch, dass im Falle von Wahlen in Minderheitssituationen eher die Opposition als die Min-

61 Vgl. Klecha: Minderheitsregierungen und Wahlerfolge.

derheitsregierung vom Elektorat Verluste zu erwarten hat.[62] Für die Handlungsorientierungen einer Partei bedeutet das jedoch auch, dass sich auf kurzfristige Sicht die fehlenden Regierungsämter (*offices*) der Opposition, die in Mehrheitssituationen maßgeblich zur *policy*-Teilnahme befähigen, durch Minderheitssituationen kompensiert werden. Das aufgezeigte Dilemma aber betrifft unmittelbar die *vote*-Dimension – und dies oftmals zum Nachteil der Opposition, sodass in langfristiger Perspektive *policy*- und *office-seeking* in Minderheitssituationen, anders als Strøm argumentiert hat[63], sich vielmehr gegenseitig ausschließen. Gleichwohl unterliegt dieser Zusammenhang einigen Schwankungen, da der Minderheitsstatus einer Regierung nur eine Variable unter vielen ist, anhand derer das Elektorat seine Präferenzen ausrichtet.[64]

---

62 Vgl. ebd.

63 Vgl. Strøm: Minority Governments and Majority Rule.

64 Vgl. Klecha: Minderheitsregierungen und Wahlerfolge. Im Vergleich zur Wahl 2010 verlor die CDU 8,3 Prozentpunkte, die Linke 2,5 Prozentpunkte und auch die FDP hatte in Umfragen zum Zeitpunkt des Scheiterns der rot-grünen Minderheitsregierung am 14. März 2012 in Relation zum Wahlergebnis 2010 in etwa vier bis fünf Prozentpunkte verloren. Die Verluste von Linkspartei und FDP lagen jedoch im bundesweiten Trend und dürften daher kein Spezifikum gewesen sein, das auf die jeweilige Haltung gegenüber der Minderheitsregierung zurückzuführen ist. Die Umfragewerte der CDU waren über die gesamte Legislaturperiode gesehen stabil und lagen insbesondere in der letzten Phase der Minderheitsregierung auf dem gleichen Niveau wie zu Beginn der Legislaturperiode. Ihre dramatischen Verluste bei der anschließenden Neuwahl waren eher einem schwachen Wahlkampf und dem unglücklichen Auftreten des Spitzenkandidaten Norbert Röttgen geschuldet. Die FDP vermochte trotz der niedrigen Umfragewerte im März 2012 durch einen Strategiewechsel, einen charismatischen Kandidaten in der Person Christian Lindners sowie durch Wechselwähler infolge des Einbruches der CDU den Wiedereinzug in den Düsseldorfer Landtag zu erreichen. Die Linke dagegen wurde in der medialen Ausleuchtung des Wahlkampfes kaum wahrgenommen und hatte mit dem grundsätzlichen Problem zu kämpfen, dass die eher linke Politik der rot-grünen Minderheitsregierung und die Kritik von Hannelore Kraft an Agenda 2010 und Hartz IV der Linken den politischen Spielraum und die potenzielle Attraktivität genommen hatte; siehe hierzu auch Bajohr, Stefan: Die nordrhein-westfälische Landtagswahl vom 13. Mai 2012. Von der Minderheit zur Mehrheit, in: Zeitschrift für Parlamentsfragen 43 (2012), S. 543-563.

Zugleich ergibt sich aus der Interaktion zwischen Regierung und Opposition eine leitende Arbeitshypothese und ein zentrales Motiv der ab Kap. 3 folgenden Einzelanalysen. Wenn die Opposition aufgrund fehlender Anreize kein Interesse daran haben kann, es auf einen grundsätzlichen Konflikt mit der Minderheitsregierung ankommen zu lassen oder gar ihr Scheitern zu provozieren – und dass diese Anreizstrukturen bei mindestens einer der drei Oppositionsparteien gegeben sind, ist recht wahrscheinlich –, dann neigt die Opposition zu einem durchaus ambivalenten Verhaltensmuster: In den exemplarisch untersuchten Fällen wird deutlich, dass die nordrhein-westfälische Opposition sich in jener Zwangslage befindlich zeigt, die zuvor theoretisch formuliert worden ist. Um allen drei Präferenzdimensionen zu entsprechen, wird sie versucht sein, diesem unausweichlichen Dilemma zu entkommen, indem sie bzw. die spezifische Oppositionspartei, die die Minderheitsregierung in einer Sachfrage zu unterstützen bereit ist, das Regierungsvorhaben zwar mindestens durch Enthaltung passieren lässt, dennoch aber die Regierung zum Teil fundamental kritisiert. Sie wird so versuchen, ihrer Funktion als Oppositionspartei nachzukommen, Kritik zu üben und Politikalternativen zu artikulieren, zugleich aber die Minderheitsregierung zu unterstützen und so das vorzeitige Scheitern der Regierung zu vermeiden. Das Spiel zwischen Regierung und Opposition ist so allein schon durch die fehlende Mehrheit der Regierung wesentlich vorstrukturiert. Dies wird der rote Faden sein, der sich durch die Gesetzgebungsbeispiele zieht und aus dem sich die Stabilität der Minderheitsregierung speist. Zugleich unterscheiden sich von Politikfeld zu Politikfeld die Interaktionsformen zwischen Regierung und Opposition und strukturieren deren Zusammenspiel, also ob ein Ergebnis kooperativ, konfliktorisch oder durch wechselseitige Annäherung mit oder ohne Absprache getroffen wird. Die Erörterung dieser Politikfeldspezifika wird von dieser allgemein-theoretischen Betrachtung getrennt und als Vorbedingung für die einzelnen Fallanalysen ab Kap. 3 eingeführt.

3. Die Gesetzgebung der Minderheitsregierung 2010 bis 2012

3.1 Die oppositionelle Unterstützung der Minderheitsregierung

Die rot-grüne Minderheitsregierung unter Hannelore Kraft und ihrer Stellvertreterin Sylvia Löhrmann ging ohne feste oder gar schriftlich fixierte Kooperationsvereinbarung mit einer Oppositionspartei in ihre Legislaturperiode; wohl aber konnte sie sich zumindest sicher sein, dass auch die Linkspartei ein wesentliches Interesse daran hatte, eine rot-grüne Koalition ins Amt zu bringen und dort auch zu halten, würde es für die Linke doch mit einer Regierung aus SPD und Grünen einfacher sein, eigene Programmpunkte umzusetzen (s.w.u.). Aber auch CDU und FDP wird durch eine ungebundene Minderheitsregierung ermöglicht, Politikergebnisse in einer Weise mitzugestalten, die näher zu den eigenen Idealpunkten führt, als wenn sich die Parteien zur Blockade gegenüber der Minderheitsregierung entschließen würden.

Tabelle 1: Oppositionelle Unterstützung der Minderheitsregierung 2010-12

Partei	Zustimmung	Enthaltung	Zustimmung	Enthaltung	Zustimmung	Enthaltung
	Allgemein		eine unterstützende Partei		Schlüsselgesetze	
CDU	30	3	4	0	3	1
FDP	28	6	1	0	2	2
Linke	41	7	15	5	8	3

eigene Darstellung

Tabelle 1 gibt die oppositionelle Unterstützung der Minderheitsregierung wieder. Wie bereits erwähnt, verfügte die rot-grüne Minderheitsregierung im nordrhein-westfälischen Landtag über eine Medianposition, weshalb sie mit großer Flexibilität nach Mehrheiten suchen konnte, ohne auf den Gutwillen einer bestimmten Oppositionspartei angewiesen zu sein. Dabei spielte zwar formal zunächst keine Rolle, ob diese Unterstützung durch Zustimmung oder Enthaltung erfolgte, da bei perfekter Geschlossenheit und vollständiger Anwesenheit der Regierungsfraktionen bereits eine Enthaltung aus den Reihen der Opposition der Regierung zur Mehrheit genügte. Im Parlament verfügte sie über neunzig der 181 Mandate und hatte damit zehn Stimmen mehr als CDU und FDP. Tatsächlich aber zeigt sich eine deutliche Tendenz zur ausdrücklichen Zustimmung oder Ablehnung eines Gesetzentwurfes; die Möglichkeit der Enthaltung wurde von den Oppositionsparteien insgesamt nur 16 Mal verwendet. So verteilt sich auch die Unterstützung der rot-grünen Minderheitsregierung auf alle Parteien in der Opposition: Mit 41 Zustimmungen und sieben Enthaltungen war zwar die Linkspartei diejenige Oppositionspartei, die die Minderheitsregierung am häufigsten unterstützte, aber auch CDU und FDP votierten regelmäßig mit der rot-grünen Regierung. Erstere stimmte dreißig Mal für einen Gesetzesentwurf und enthielt sich drei Mal; die FDP unterstützte die Regierung bei 28 Gesetzen mit Zustimmung und bei sechs Gesetzen mit Enthaltungen. Zumeist war es auch die Regierung, deren Fraktionen oder Fraktionsführer, die als Agendasetter die Gesetze ins Parlament einbrachten; in vier Fällen stammte ein Gesetzentwurf aus den Reihen der Opposition: zweimal von der CDU und je einmal von FDP und Linkspartei. Dass aber ein Gesetzentwurf gegen die Regierungsfraktionen, d.h. in zwischenzeitlicher Übereinkunft von CDU, FDP und Linkspartei gegen die Stimmen von SPD und Grünen verabschiedet wurde – dazu kam es nie. Dass ferner zehn der Gesetze von der Minderheitsregierung und einer weiteren Oppositionspartei bereits initiiert wurden, indiziert im Vergleich zu Mehrheitsregierungen einen deutlich konsensualeren Charakter der Gesetzgebung.

In seiner Legislaturperiode changierte das Minderheitskabinett stets zwischen inkludierenden und flexiblen Mehrheiten.[1] Insgesamt wurden 26 der 59 Gesetze, die während der Legislaturperiode beschlossen wurden, ohne Gegenstimmen verabschiedet; und 16 von diesen 26 Gesetzen einstimmig. Nicht alle Gesetze haben aber die gleiche Bedeutung: Die Gesetzgebung zum Seilbahngesetz Nordrhein-Westfalens beispielsweise, das als Ausführung einer EU-Richtlinie einstimmig und ohne Änderungen verabschiedet wurde, folgte einer anderen Verfahrenslogik als die Umsetzung zentraler Wahlversprechen, im Falle der rot-grünen Minderheitsregierung beispielsweise die Abschaffung der von der Vorgängerkoalition aus CDU und FDP eingeführten Studiengebühren. Es ist daher für die Analyse des Regierungshandelns einer Minderheitsregierung unerlässlich, in einer Gesetzgebungsstatistik auch die Salienz, d.h. die Bedeutung von Gesetzen zu berücksichtigen.

Eine erste Möglichkeit, die Bedeutung eines Gesetzes in einer Gesetzgebungsstatistik zu berücksichtigen, besteht darin, nur jene Gesetze in die Statistik mit einzubeziehen, die nur von einer oppositionellen Partei unterstützt worden sind. Hiermit soll die Konfliktträchtigkeit eines Gesetzentwurfes indiziert werden mit der Annahme, dass die Bedeutung eines Gesetzes mit einem konfliktorischen Gesetzgebungsprozess korreliert. Wird dieser Vorgehensweise gefolgt, dann war es vor allem die Linkspartei, die die Minderheitsregierung bei solchen umstrittenen und demnach wichtigen Gesetzen stützte und dafür Sorge trug, Mehrheiten in der Gesetzgebung herzustellen. Fünfzehn Mal stimmte sie als einzige Partei mit der Minderheitsregierung und enthielt sich weitere sieben Mal. Die CDU stimmte vier Mal einem in diesem Sinne konfliktorischen Gesetz zu und folgte dabei dem Muster, klare Positionen zu beziehen und Enthaltungen weitgehend zu vermeiden. Die FDP stimmte nur ein Mal als einzige Partei mit der Regierung; auch sie enthielt sich ansonsten nicht.

Die Vor- und Nachteile einer derartigen Operationalisierung wichtiger Gesetze liegen auf der Hand: Einerseits ist dies die objektive Klassifizierung, bei der es keinen Interpretationsspiel-

---

1 Vgl. Ganghof et al.: Flexible und inkludierende Mehrheiten?

raum gibt; was andererseits aber untrennbar mit dem Nachteil verbunden ist, all jene potenziell wegweisenden Gesetze nicht zu berücksichtigen, die in überparteilichem Konsens entschieden worden sind.[2] In der Politikwissenschaft wurden daher Versuche unternommen, das Moment der subjektiven Einschätzung durch halbwegs objektive Kriterien zu begrenzen, ohne dabei allerdings Subjektivität vollends ausschließen zu können. Angelehnt an die Konzeptionen nach Nienhaus[3] und v. Beyme, der Schlüsselentscheidungen als „wichtige Innovationsentscheidungen" angesehen hat[4], werden im Folgenden Schlüsselgesetze verstanden als wesentliche Gesetze von mittlerer bis großer Reichweite des Ausmaßes, zu dem ein Gesetz einen Sachverhalt novelliert oder gänzlich neu definiert und unabhängig davon, ob sie eine allgemeine oder auf einen bestimmten Personenkreis begrenzte Ausstrahlung haben, und die in der Regel in einem sehr konfliktorischen Gesetzgebungsprozess verabschiedet werden, was aber keine zwangsläufige Notwendigkeit ist. Eine Liste mit vorgeschlagenen Schlüsselentscheidungen kam den Landtagsfraktionen der 15. Legislaturperiode mit der Bitte um kritische Anmerkungen zu, sodass für die Legislaturperiode der rot-grünen Minderheitsregierung 15 Schlüsselentscheidungen identifiziert worden sind (siehe Anhang).[5]

Auch hier bestätigt sich das Bild, das sich schon in der ersten Herangehensweise an Schlüsselentscheidungen ergeben hat: Die rot-grüne Minderheitsregierung arbeitete zwar durchaus mit wechselnden Mehrheiten und brachte damit Gesetze durchs Parlament, sodass auch mit Unterstützung von CDU und FDP wesentliche Politikergebnisse erzielt wurden. Das Gros der

---

2 Jedes bisherige Gesetz, das – um ein Beispiel der Bundesebene zu nehmen – zur Hilfe Griechenlands oder zur Stabilisierung der europäischen Rettungsschirme beschlossen wurde, würde in dieser vorgenommenen Klassifizierung als nicht konfliktorisch gelten und daher auch als nicht bedeutsam.

3 Vgl. Nienhaus, Volker: Konsensuale Gesetzgebung im Deutschen Bundestag: Zahlen und Anmerkungen zur 7. bis 9. Wahlperiode, in: Zeitschrift für Parlamentsfragen 16 (1985), 163-169.

4 Von Beyme, Klaus: Der Gesetzgeber. Der Bundestag als Entscheidungszentrum, Opladen 1997, S. 13.

5 Einzig die Linkspartei kam der Bitte um kritische Kommentierung der Vorschläge nicht nach.

Schlüsselgesetze erfolgte jedoch mit Zustimmung bzw. mindestens Enthaltung der Linkspartei. In elf der 15 identifizierten Schlüsselentscheidungen stimmte die Linkspartei dem Gesetzentwurf der Landesregierung zu; und in acht dieser Fälle war sie die alleinige Partei, die die Minderheitsregierung unterstützt hat. Die FDP stimmte in vier Schlüsselentscheidungen für das Minderheitskabinett, jeweils zweimal stimmte sie für den Entwurf und enthielt sich; allerdings war sie nur bei einem Gesetz, dem „Stärkungspaktgesetz", die alleinige unterstützende Oppositionspartei. Dreimal stimmte die CDU in Schlüsselentscheidungen für den Gesetzentwurf von SPD und Grünen, im Falle der Einführung des islamischen Religionsunterrichtes als ordentliches Schulfach auch an der Seite der FDP, die sich enthielt. Die anderen beiden Zustimmungen unterstützten die von den Regierungsfraktionen und der Union vereinbarte weitreichende Änderung der Schulstruktur (der sogenannte Schulfrieden) nebst der dazugehörigen Verfassungsänderung. Hierbei war sie die einzige Oppositionspartei, die für beide Gesetzentwürfe stimmte.[6]

3.2 Gesetzgebung, Änderungen und Ausschüsse

Nach der von rationalen Erwägungen geprägten Theorie zur Funktionsweise von Minderheitskabinetten spielt ein einflussreiches Ausschusswesen eine große Rolle für die Funktionalität der Regierung. Für eine Minderheitsregierung ist wichtig, spätestens dort Mehrheiten zu erzielen, wo sich Regierung und Oppositionspartei nicht bereits vor Einbringung des Gesetzentwurfs geeinigt haben, und dort mit Unterstützung mindes-

6 Der Einfluss von Impulsen der Europäischen Union auf die Gesetzgebung der 15. Legislaturperiode ist indes vernachlässigbar: Ein Gesetz, – das Änderungsgesetz zum bestehenden Seilbahngesetz (15/43) – beruhte unmittelbar auf einer EU-Richtlinie; das Änderungsgesetz zur Direktvergabe im Öffentlichen Personennahverkehr (15/29) war die Umsetzung einer EU-Verordnung; das Gesetz über die Unabhängigkeit des Landesbeauftragten für Datenschutz und Informationsfreiheit (15/25) war ein Anpassungsgesetz an eine EU-Richtlinie. Alle drei Gesetze wurden einstimmig angenommen; lediglich Gesetz 15/29 wurde mit einem einstimmig initiierten und beschlossenen Antrag verändert.

tens einer oppositionellen Partei eine Beschlussempfehlung an das Plenum zu geben, dem Gesetzentwurf zuzustimmen. Darüber hinaus muss sich eine Minderheitsregierung darauf verlassen können, dass jene Parteien, deren Vertreter in den federführenden Ausschüssen sich in ihrer Beschlussempfehlung auf eine Zustimmung zum Gesetzentwurf haben einigen können, dieser Empfehlung auch folgen.

Tatsächlich hat sich in der Legislaturperiode der rot-grünen Minderheitsregierung eine enge Korrelation zwischen den Abstimmungen in Ausschüssen und den Ergebnissen der Plenarabstimmungen in der zweiten respektive dritten Lesung gezeigt. Bei jedem Gesetz, das während der Legislaturperiode der rot-grünen Minderheitsregierung verabschiedet wurde, verfügte das Minderheitskabinett über Zustimmungsempfehlungen aus den federführenden Ausschüssen; in 49 von 59 Fällen entsprach das Abstimmungsergebnis in der entscheidenden Lesung im Landtag vollständig den Mehrheitsverhältnissen, mit denen in den Ausschüssen die Zustimmungsempfehlungen zu den Gesetzentwürfen gegeben worden waren. In keinem der zehn verbliebenen Situationen war aber das abweichende Stimmverhalten ausschlaggebend für den Erfolg des Gesetzentwurfes, da stets eine weitere Oppositionspartei die Minderheitsregierung stützte, bereits im Ausschuss für das Gesetzesvorhaben gestimmt hatte und dies auch in der Plenarabstimmung weiterhin tat. Die rot-grüne Minderheitsregierung verfügte also über große Sicherheiten, dass die Gesetzentwürfe, wie sie in den Ausschüssen besprochen und gegebenenfalls verändert worden waren, in der abschließenden Lesung auch angenommen würden. Dies ist eine Grundvoraussetzung für die Funktionalität und Stabilität einer Minderheitsregierung – denn ohne die Gewissheit einer engen Korrelation zwischen Mehrheiten in den Ausschüssen und Mehrheiten im Plenum wäre ein Minderheitskabinett in seiner Gesetzgebungsfähigkeit erheblich eingeschränkt.

Der federführende Ausschuss ist die politische Arena, in der um legislative Mehrheiten verhandelt und gerungen wird, sofern sich Regierung und Opposition nicht bereits im Vorfeld auf einen gemeinsamen Gesetzentwurf geeinigt haben. Dies geschieht zumeist über die Möglichkeit, Änderungsanträge einbringen zu können; freilich ist dies auch nach Abschluss der Ausschussphase noch möglich. Zwar wurden 29 Gesetze dem Gesetzesentwurf entsprechend unverändert verabschiedet; jedoch waren dies zumeist wenig umstrittene und zudem mit großen Mehrheiten beschlossene Vorhaben, von denen nur sechs Gesetze mit nur einer oppositionellen Partei zur Herstellung der legislativen Mehrheit verabschiedet wurden. In den anderen Fällen waren Änderungen der ursprünglichen Gesetzentwürfe ein wesentliches Instrument in den Verhandlungen, mit denen die Unterstützung der rot-grünen Minderheitsregierung gesichert wurde.

Wie im Falle der Gesetzesinitiierung nahmen die Regierungsfraktionen auch bei den Änderungsanträgen während der legislativen Beratungsphase die Rolle des Agendasetters ein: Insgesamt wurden nur sieben der angenommenen Änderungsanträge unilateral von einer Oppositionspartei eingebracht; sechszehn Änderungsanträge wurden von den Regierungsfraktionen und mindestens einer Oppositionspartei gemeinsam initiiert, davon wiederum vier einstimmig. Dass auch in der Ausschussphase vor der finalen Plenumsabstimmung die Regierung die Position des Agendasetters einnahm, spricht freilich nicht dagegen, dass Änderungsanträge als Instrumente zur Herstellung von Mehrheiten dienten. Denn Vorbehalte aus der Opposition, die dagegen sprechen können, für ein Regierungsvorhaben zu stimmen, können in der Ausschuss- und Beratungsphase von den Regierungsfraktionen antizipiert (wenn die Vorbehalte nicht gar offen formuliert werden) und in den Änderungsanträgen entsprechend umgesetzt werden.

Es besteht daher nicht nur eine enge Verbindung zwischen den Mehrheitsverhältnissen bei Beschlussempfehlungen und Abstimmungsergebnissen in den entscheidenden Lesungen. Ein ähnlicher Zusammenhang ist in vergleichbarer Weise auch zwischen den Abstimmungsergebnissen über Änderungsanträge und den Mehrheitsverhältnissen bei Plenarabstimmungen erkennbar: Mit wenigen Ausnahmen waren es zumeist die identischen Oppositionsparteien in einem Gesetzgebungsverfahren, die sowohl für eingebrachte Änderungsanträge votierten als auch beim Beschluss des Gesetzes im Plenum für das Gesetz stimmten respektive sich enthielten und so den Gesetzesbeschluss sicherstellten. Tatsächlich gab es in den Gesetzgebungsverfahren jener Gesetze, die durch Änderungsanträge verändert worden sind, nur fünf Situationen, in denen das Verhalten einer oppositionellen Partei nicht mit dem Verhalten während der finalen Abstimmung über einen Gesetzentwurf übereinstimmte. Zweimal enthielt sich die Linke bei Änderungsanträgen, um dennoch für ein Gesetz zu stimmen („Gesetz zur Änderung des §76 der Gemeindeordnung Nordrhein-Westfalen"; „Gesetz zur Änderung des Landes-Immissionsschutzgesetzes"); je einmal enthielten sich die Linke („Zweites Gesetz zur Änderung des Gesetzes zur Ausführung des Zweiten Buches Sozialgesetzbuch des Landes Nordrhein-Westfalen") und FDP („Gesetz zur Erleichterung von Volksbegehren)", obwohl sie im Ausschuss gegen eine Änderung gestimmt hatten; zudem stimmten CDU und FDP mehreren Änderungen der Regierungsfraktionen während der Haushaltsgesetzgebung 2011 zu oder enthielten sich, stimmten im Plenum aber – erwartungsgemäß – gegen den Haushaltsentwurf. Bemerkenswert ist jedoch, dass die überwiegende Mehrheit der Änderungsanträge, die durch die Linkspartei initiiert worden waren – von jener Partei also, die die Minderheitsregierung vor allem bei wichtigen Vorhaben unterstützte –, von den Regierungsparteien abgelehnt wurde.

3.3 Die Performanz des Minderheitskabinetts 2010 bis 2012 im Vergleich zu den Vorgängerregierungen

In der Einleitung wurde ein intuitives Modell skizziert, das aus Perspektive der Vetospieler-Theorie darzustellen versucht, weshalb sich die Entscheidungsfindung in Minderheitssituationen kompliziert. Aus dieser Gemengelage heraus sind theoretisch drei empirische Folgen für das Regierungshandeln eines Minderheitskabinettes ableitbar: Erstens scheint plausibel, dass durch die notwendigen Verhandlungen mit der Opposition der Gesetzgebungsprozess zwischen Einbringung und Verkündung eines Gesetzes länger dauert als bei Mehrheitsregierungen; zweitens sollten demnach auch weniger Gesetze pro Legislaturperiode verabschiedet werden; und drittens sinken, da eine

Minderheitsregierung notwendigerweise auf externe Unterstützung angewiesen ist, die Anreize dafür, bedeutsame und wegweisende Gesetze in den Gesetzgebungsprozess einzubringen; vor allem dann, wenn eine Minderheitsregierung sich nicht auf eine dauerhafte Unterstützung von einer dezidierten Partei in der Opposition verlassen kann.

Tabelle 2: Legislative Effizienz

Legislaturperiode	Verkündete Gesetze	Gesetzgebungsdauer (in Tagen)	Standardabweichung
13.	170	126,3	89,8
14.	207 *(hochgerechnet 177)*	113,3	57,5
15.	59	120,2	72,2
16. (im Amt)	51	115,5	65,3

eigene Darstellung
Stand: 14. Oktober 2013

Tabelle 2 gibt einen Überblick über die legislative Performanz der rot-grünen Minderheitsregierung in der 15. Legislaturperiode im Vergleich zu den zwei vorhergegangenen Legislaturperioden sowie der nachfolgenden – alle drei waren Mehrheitskabinette. Als Gesetzgebungsdauer wird die Zeitspanne zwischen Einbringung eines Gesetzentwurfes ins Parlament und Verkündung des Gesetzes im Gesetz- und Verordnungsblatt für das Land Nordrhein-Westfalen bezeichnet. Vergleicht man die Gesetzgebungsdauer der 13. bis 16. Legislaturperiode, so finden sich nur sehr bedingt signifikante Auswirkungen des Minderheitsstatus des Kabinetts Kraft I auf seine Effizienz im Amt. Im Schnitt unterschieden sich die Gesetzgebungsprozesse der 13. bis 16. Legislaturperioden nur um plus respektive minus sechs bis sieben Tage. Bemerkenswerterweise dauerte der durchschnittliche Gesetzgebungsprozess nicht in der Amtszeit der rot-grünen Minderheitsregierung am längsten, sondern in der 13. Legislaturperiode mit 126,3 Tagen. Ebenso war in dieser Zeit die Dauer des legislativen Prozesses am heterogensten, bei einer Standardabweichung von fast neunzig Tagen. Deutlich homogener in dieser Hinsicht agierte die schwarz-gelbe Regierung unter Jürgen Rüttgers: Unter dessen Regierungszeit war die Gesetzgebungszeit rund 13 Tage kürzer als in der Zeit der 13. Legislaturperiode und sieben Tage kürzer im Vergleich zur rot-grünen Minderheitsregierung. Diese zeigte sich im Hinblick auf die Dauer des legislativen Prozesses ein wenig effizienter als die rot-grüne Mehrheitskoalition der 13. Legislaturperiode; und auch die Schwankungen der Gesetzgebungsphasen waren im Vergleich dieser beiden Legislaturperioden geringer. Ausgehend von jenen 59 Gesetzen, die die Minderheitsregierung in ihrer zwanzig-monatigen Regierungszeit verabschiedete, käme sie bei konstanter Gesetzgebungsdauer nach einer vollen Amtszeit auf hochgerechnet etwa 177 Gesetze, womit sie wiederum in dieser Hinsicht effizienter wäre als das Kabinett Clement II/Steinbrück (13. Legislaturperiode). Mittlerweile eignet sich auch die Gesetzgebungsstatistik der rot-grünen Mehrheitsregierung der 16. Legislaturperiode als Referenz: Sie hat mit durchschnittlich 115,5 Tagen pro Gesetz eine etwas bessere legislative Performanz vorzuweisen als die Minderheitsregierung einige Monate zuvor und siedelt sich in einem Bereich an, der mit der schwarz-gelben Koalition unter Jürgen Rüttgers vergleichbar ist.

Die aufgeführten Werte zur legislativen Performanz der Minderheitsregierung im Vergleich zu Mehrheitskoalitionen geben einen Hinweis darauf, dass Regierungen auch ohne Mehrheit durchaus effektiv agieren können. Aus mehreren Gründen aber sind die Werte zur Dauer der Gesetzgebungsprozesse in den Legislaturperioden nur bedingt aussagekräftig und mit Vorsicht zu betrachten. Erstens: Bei allen hier untersuchen Regierungen von der 13. bis zur 16. Legislaturperiode ist ein Verhaltensmuster nachzuweisen, demnach in jener Phase nach Regierungsbildung die Gesetzgebung typischerweise noch schneller erfolgt und sich im weiteren Verlauf der Legislaturperiode nach und nach entschleunigt. So betrug die Gesetzgebungsdauer der ersten zehn Gesetze in den hier untersuchten Zeiträumen im Schnitt zwischen 61,4 (14. Legislaturperiode) und 95,4 Tage (15. Legislaturperiode), die der ersten zwanzig Gesetze zwischen 81,6 (14. Legislaturperiode) und 122,8 Tage (13. Legislaturperiode). Ob der Kürze der Regierungszeiten der 15. und 16. Legislaturperiode fällt diese Phase in der Gesetzgebungsstatistik daher noch stärker ins Gewicht. Ausgehend von den Gesetzgebungsmustern der anderen drei untersuchten Regierungen wäre so durchaus zu erwarteten gewesen, dass sich die durchschnittliche Dauer des legislativen Prozesses des Minderheitskabinetts Kraft noch weiter verlängert hätte, wäre sie länger im Amt geblieben. Dies bleibt zwar Spekulation, muss jedoch bei der Bewertung der vorliegenden Statistik berücksichtigt werden.

Zweitens ist es keinesfalls so, dass die Wichtigkeit eines Gesetzes zwangsläufig mit einer längeren Gesetzgebungsdauer einhergehen muss. So nahm beispielsweise die Umsetzung der EU-Richtlinie, die zur einstimmigen Änderung des bestehenden Seilbahngesetzes führte und ohne Änderungsanträge auskam, von der Einbringung des Gesetzesentwurfs bis hin zu dessen Beschluss 153 Tage in Anspruch. Zum Vergleich: Die Verabschiedung des „Gesetzes zur Änderung des Gesetzes über die Seilbahnen in Nordrhein-Westfalen" benötigte damit 61 Tage mehr als das Haushaltsgesetz 2011, 65 Tage mehr als die Gesetzgebung zum Nachtragshaushalt 2010 und 104 Tage mehr als die wegweisende Reform der nordrhein-westfälischen Schulstruktur nebst Änderung der Landesverfassung.

Dies führt gleichsam zum dritten Punkt über, der in Minderheitssituationen bedeutsam ist und Daten zur Performanz – etwa gemessen an den Tagen, die ein spezifischer Gesetzgebungsprozess beansprucht – verzerren kann. Da Minderheitsregierungen zwangsläufig auf oppositionelle Unterstützung angewiesen sind, werden sie im Falle vieler für sie bedeutsamer Gesetzesvorhaben nicht erst während des legislativen Prozesses nach Mehrheiten suchen, sondern bereits im Vorfeld die politischen Alternativen der Oppositionen und ihre Angebote sondieren und gegebenenfalls den Gesetzentwurf bereits mit einer oppositionellen Partei anfertigen und ins Parlament einbringen – so wie dies der Fall war beim Schulkompromiss zwischen SPD, Grünen und CDU. Diese Zeit der informellen Verhandlungen außerhalb der eigentlichen Bahnen des legislativen Prozesses bleibt also in dieser Gesetzgebungsstatistik unberücksichtigt. Auf eine Hochrechnung der Schlüsselentscheidungen entsprechend der dritten These wurde an dieser Stelle verzichtet, da eine solche Klassifizierung eine allzu subjektive Herangehensweise ist, um verlässliche Aussagen treffen zu können, zumal die 15. Legislaturperiode vorzeitig beendet wurde.

4. Die Einsetzung der rot-grünen Minderheitsregierung

In den ersten beiden Kapiteln nach der Einleitung ist das Handlungspotenzial der rot-grünen Minderheitsregierung aus theoretischer und statistischer Sicht analysiert und dabei argumentiert worden, dass sowohl das institutionelle System, das Parteiensystem Nordrhein-Westfalens als auch die mittige Lage der Regierung das Kabinett mit beträchtlichen Ressourcen ausstatte-te, um im politischen Spiel Erfolg haben zu können. Zugleich hat die statistische Analyse der Gesetzgebung gezeigt, dass der Regierung durchaus gelang, effizient und mit verschiedenen Kooperationspartnern den fehlenden Mehrheitsstatus auszugleichen. Die folgenden Fallanalysen werden nun tiefer ins Detail gehen und sollen Strategien, Positionen und Ziele der Akteure dieser Studie genauer ausleuchten.

4.1 Historische und politisch-kulturelle Determinanten der Regierungsbildung

Nur etwas mehr als drei Jahre waren seit dem Ende des Zweiten Weltkrieges vergangen, als mit dem Verfassungskonvent zu Herrenchiemsee vom 10. bis 23. August 1948 mit der Ausarbeitung einer Verfassung für einen neuen deutschen Nationalstaat begonnen wurde. Die Folgen des Krieges waren noch allgegenwärtig und die Ursachen noch nicht verdrängt. Es war eine stets instabile Weimarer Republik, die mit ihrem Zusammenbruch dem Nationalsozialismus den Weg an die Macht geebnet und die zweite Katastrophe des 20. Jahrhunderts, nach dem Ersten Weltkrieg als „the great seminal catastrophe of this century"[1], eingeleitet hatte. Im Gegensatz dazu sollte sich die im Entstehen begriffene Bundesrepublik Deutschland in politischer

1 Kennan, George Frost: The Decline of Bismarck's European Order. Franco-Russian Relations 1875-1890, Princeton 1979, S. 3.

Hinsicht durch Stabilität auszeichnen; zu Weimarer Zuständen sollte es nicht mehr kommen, und damit auch nicht mehr zu Minderheitsregierungen, die noch zum Alltagsbild der Weimarer Republik gehört hatten: Zwölf der zwanzig Regierungen der Weimarer Zeit waren Minderheitsregierungen[2], sie „geistern als Schreckgespenst durch die Köpfe des kollektiven Politikergedächtnisses".[3]

Mit der Formulierung eines Grundgesetzes für die neue Bundesrepublik sollte jenes Attribut der politischen Stabilität geschaffen werden, das der Weimarer Republik gefehlt hatte. Art 63 GG nennt die Anforderungen für die Wahl des Bundeskanzlers: In Art. 63 Abs. 1 und 2 verlangt das Grundgesetz die Wahl des Regierungschefs „auf Vorschlag des Bundespräsidenten vom Bundestage ohne Aussprache" und mit den „Stimmen der Mehrheit der Mitglieder des Bundestages" und stellt somit hohe Anforderungen, um Mehrheitsregierungen den Vorrang zu geben und politische Stabilität zu erzeugen. Und für den Fall, dass trotz dieser Bestimmungen doch eine Minderheitsregierung gebildet werden soll, führt Art. 63 Abs. 3 und 4 GG in Person des Bundespräsidenten einen weiteren Vetospieler ein: Abs. 3 sieht für den Fall, dass der vorgeschlagene Kandidat nach den Regelungen von Abs. 1 und 2 nicht gewählt wurde, „binnen vierzehn Tagen nach dem Wahlgange mit mehr als der Hälfte seiner Mitglieder" einen weiteren Wahlgang vor. Scheitert auch diese Wahl innerhalb der genannten Frist, findet nach Art. 63 Abs. 4 GG „unverzüglich ein neuer Wahlgang statt, in dem gewählt ist, wer die meisten Stimmen erhält. Vereinigt der Gewählte die Stimmen der Mehrheit der Mitglieder des Bundestages auf sich, so muß der Bundespräsident ihn binnen sieben Tagen nach der Wahl ernennen. Erreicht der Gewählte diese Mehrheit nicht, so hat der Bundespräsident binnen sieben Tagen entweder ihn zu ernennen oder den Bundestag aufzulösen." Durch die Einführung des Bundespräsidenten als maßgeblichen Akteur in dieser Situation, der die Entscheidung zu treffen hat, bei Wahl mit relativer Mehrheit entweder das Parlament aufzulösen oder einen Minderheitskanzler zu ernennen,

2 Finkelnburg: Die Minderheitsregierung im deutschen Staatsrecht, S. 5.
3 Klecha: Minderheitsregierungen in Deutschland, S. 30.

wird das Scheitern einer Mehrheitskoalition der Systematik des Grundgesetzes nach als Krisenzeit gewertet, da nach dem Verfassungssystem der Bundesrepublik das Gewicht des Bundespräsidenten in Zeiten einer politischen Krise zunimmt, unter anderem auch durch die Möglichkeit zur Auflösung des Parlamentes nach verlorener Vertrauensfrage (Art. 68 GG) oder durch die Erklärung des Gesetzgebungsnotstandes nach Bitte des Bundeskanzlers gemäß Art. 81 GG.

Insgesamt werden Minderheitsregierungen so „fast mit allen verfassungsrechtlichen Mitteln“ vermieden.[4] Als es 1981 in Berlin zu einem Minderheitssenat gekommen war, erahnte der Staatsrechtler Klaus Finkelnburg auf einem Vortrag vor der Berliner Juristengesellschaft im März 1982 ob der damaligen Transformationen im deutschen Parteiensystem eine „drohende Instabilität der politisch-parlamentarischen Verhältnisse“ und befürchtete entsprechend „Weimar ante portas“.[5] Das Bild aber, das ausgehend von den Weimarer Erfahrungen von Minderheitsregierungen gezeichnet wird, ist freilich verzerrt: Nicht Minderheitsregierungen an sich trugen die Hauptschuld an der Instabilität der Weimarer Republik und an deren letztendlichem Scheitern; diese „ergab sich neben einigen verfassungsrechtlichen Besonderheiten aus der besonderen Stellung des Reichspräsidenten und aus der Heterogenität der Regierungsbündnisse“.[6] Koalitionspolitik befand sich in der Weimarer Zeit in einem „Dauerdilemma“ durch ein allzu fragmentiertes Parteiensystem und die Weigerung von SPD und Deutschnationaler Volkspartei (DNVP), miteinander arbeiten und gemeinsam eine Regierung formen zu wollen. Der Ausweg bestand daher entweder in einer Großen Koalition aus SPD und DVP oder aber in einer Minderheitsregierung. Letztere wurde für Paul v. Hindenburg, der nach Friedrich Eberts plötzlichem Tode Reichspräsident geworden war, oftmals zu dessen favorisierter Koalitionsform, da der konservative Hindenburg nur wenig Interesse

4 Herzog, Roman (1983): Art. 63, in: Maunz, Theodor/Dürig, Dieter (Hg.): Grundgesetz. Kommentar, 4 Bände, Bd. 4, Art. 28-69, München, S. 21.

5 Finkelnburg: Die Minderheitsregierung im deutschen Staatsrecht, S. 5.

6 Klecha: Minderheitsregierungen in Deutschland, S. 30.

an einer Regierungsbeteiligung der Sozialdemokraten hatte.[7] Wenngleich Minderheitsregierungen nicht den Kern der politischen Instabilität der Weimarer Republik ausmachten – weder Minderheitsregierungen noch Mehrheitskoalitionen vermochten länger als zwei Jahre im Amt zu bleiben[8] –, waren sie auch keine Stütze für die noch junge Republik.

Jedoch ist nicht die historisch-empirische Evidenz ausschlaggebend für die Rezeption von Minderheitsregierungen, sondern deren politisch-kulturelle Rekonstruktion; und in dieser werden Minderheitsregierungen in kein gutes Licht gerückt. Das Verfassungssystem der Bundesrepublik gab maßgeblich Anreize für die Bildung von Mehrheitsregierungen, sodass in der Frühphase der Bundesrepublik, zumal vor dem zuvor skizzierten geschichtlichen Hintergrund, auch dann Mehrheitskoalitionen gebildet wurden, wenn das Parlament noch fragmentierter war als heute und Regierungskoalitionen von mehr als zwei Parteien gebildet werden mussten. Seit der Konsolidierung des Parteiensystems spielten Minderheitsregierungen kaum eine Rolle mehr, es sei denn als dezidierte Übergangsregierungen mit dem Ziel, wieder eine Mehrheitskoalition zu bilden.

In der der Bundesrepublik hatte sich eine politische Kultur der Stabilität konstruiert, in der Minderheitsregierungen keine gangbare Alternative darstellten. Die Handlungsoptionen der politischen Akteure, die an der Regierungsbildung beteiligt waren, wurden dadurch erheblich eingeschränkt, da jede Regierungskonstellation, die nicht über parlamentarische Mehrheiten verfügte, typischerweise auch nicht realisiert wurde. Darüber hinaus ist jene Stabilitätskultur der Bundesrepublik konnotiert mit einer weitläufigen Akzeptanz für das politische System des neuen Staates, die auch durch eine vorteilhafte konjunkturelle Entwicklung bedingt ist, während in der Weimarer Republik große Teile der Gesellschaft die staatliche Ordnung ablehnten und auch die Wirtschaftslage zu schlecht war, um für eine Akzeptanz der Weimarer Republik hätte sorgen zu können. Oder, um es mit den Worten des Historikers Eric Hobsbawm zu sa-

---

7 Vgl. Kolb, Eberhard: Die Weimarer Republik, 7. Auflage, Oldenburg 2009, S. 75-83.

8 Klecha: Minderheitsregierungen in Deutschland, S. 30.

gen: „In der Bundesrepublik haben sich für die meisten Bürger die Dinge erstaunlich gut entwickelt, während die Republik von Weimar von einer entsetzlichen Wirtschaftskrise heimgesucht wurde, kaum daß sie sich von der militärischen Niederlage, der Revolution, einer wirtschaftlichen Rezession und einer galoppierenden Inflation wieder erholt hatte."[9]

Lange Zeit erfolgte die Regierungsbildung nach eingespielten Mustern. Im konsolidierten Dreiparteiensystem besaß die FDP die Rolle des Königsmachers, sofern eine Große Koalition als politisch unattraktiv erschien. Und die FDP nutzte ihre damit verbundene Positionsmacht, indem sie sich hier für eine sozialliberale Koalition (1969) entschied und da für eine Regierungskoalition mit der CDU (1982). Auch mit dem Einzug der Grünen in die deutschen Parlamente als Partei, die sich aus einer neuen ökologischen Konfliktlinie speiste[10], stellte die Investitur einer Mehrheitsregierung zumeist keine größeren Probleme dar, denn mit einem bipolaren Parteiensystem war ein Nullsummenspiel beider politischen Lager gegeben, was die effiziente Formierung einer Mehrheitsregierung begünstigte. Stimmgewinne des einen Lagers gingen zwangsläufig auf Kosten des anderen. Sieht man einmal von der unwahrscheinlichen, aber nicht gänzlich auszuschließenden Möglichkeit einer vollständigen Stimmgleichheit beider Lager ab, so musste stets eines der beiden Lager, entweder eine Koalition aus SPD und Grünen oder eine Regierung aus CDU und FDP, arithmetisch eine parlamentarische Mehrheit erzielen; eine andere Alternative gab es nicht. Die Muster der Regierungsbildung tradierten sich.

Solche Muster können dann effizient sein und bleiben, solange sich der Rahmen nicht verändert, auf den sich die Muster der Regierungsbildung beziehen. Mit dem Wahlerfolg der Linkspartei zunächst als Regionalpartei (bzw. Partei einer Konfliktlinie zwischen Ost- und Westdeutschland) und später als linke Alternative infolge des sozialdemokratischen Kurses der „Neuen Mitte" änderten sich jedoch die Muster der Regierungsbil-

9 Hobsbawm, Eric J.: Nationen und Nationalismus. Mythos und Realität seit 1780, 3. Aufl., Frankfurt/New York 2005, S. 170.

10 Nohlen, Dieter: Wahlrecht und Parteiensystem, 6. Auflage, Opladen/Farmington Hills 2009, S.332-333.

dung in den deutschen Regierungssystemen.[11] Da die Linke von der SPD häufig nicht als potenzieller Koalitionspartner angesehen wird, werden die beiden Parteilager durch einen weiteren Akteur ergänzt, und das Nullsummenspiel somit aufgehoben. Dieses Argument bleibt auch für Vierparteiensysteme aus SPD, CDU, Grünen und Linkspartei (PDS) gültig, wie es bei der Formierung der Minderheitsregierung in Sachsen-Anhalt der Fall war. Die Transformation des Parteiensystems hat die beteiligten Akteure mithin vor eine große Aufgabe gestellt, und früh hat Wilhelm Hennis die Befürchtung geäußert, dass die Parteien, wenn sie sich zu sehr an tradierte Muster der Regierungsbildung gewöhnten, sich als unfähig erweisen könnten, auf veränderte Gemengelagen zu reagieren: „Die Frage ist, ob wir uns nicht so an den ‚Regelfall' gewöhnt haben könnten, unsere Erwartungen inzwischen so fixiert worden sind, daß es uns in ‚Sonderlagen' an der erforderlichen Flexibilität fehlen könnte."[12] Wenngleich Hennis nicht dezidiert die Frage nach Minderheitsregierungen als alternative Koalitionsformate im Blick hatte, haben sich bislang tatsächlich noch keine etablierten Konzepte für den Umgang mit der Regierungsbildung im Fünfparteiensystem durchgesetzt.

Theoretisch ist entweder eine Perpetuierung der Großen Koalition zu erwarten, die wiederum von Parteien selten als optimale Lösung angesehen wird, oder eine Zunahme alternativer Regierungsmodelle, Bündnisse aus drei Parteien also oder Minderheitsregierungen.[13] Hiervon ist allerdings weder die eine noch die andere Möglichkeit eingetroffen: In den 16 Bundesländern regieren derzeit fünf Große Koalitionen und nur eine sogenannte alternative Konstellation, nachdem schwarz-grüne Koalitionen (Hamburg), Dreiparteienregierungen (Saarland) oder Minderheitsregierungen (Hessen, Nordrhein-Westfalen) gescheitert sind – mit Ausnahme Schleswig-Holsteins, wo SPD, Grüne und Südschleswigscher Wählerverband (SSW) zusam-

---

11 Vgl. ebd.

12 Hennis, Wilhelm: Auf dem Weg in den Parteienstaat. Aufsätze aus vier Jahrzehnten, Stugart 1999, S. 60. Der Aufsatz erschien ursprünglich 1979.

13 Vgl. Decker, Frank: Koalitionsaussagen und Koalitionsbildung, in: Aus Politik und Zeitgeschichte 51 (2009), S. 20-26.

men regieren. Aus dem hier skizzierten Argument wird jedoch eines deutlich: Wenngleich der Einfluss der Fragmentierung des Parteiensystem auf die Entstehung von Minderheitsregierungen in der internationalen Forschung umstritten ist[14], können in Deutschland, mit jenem spezifischen Spannungsverhältnis zwischen dem Streben nach stabilen Mehrheiten und der vor allem auf Bundesebene und in westdeutschen Ländern noch virulenten Weigerung, Koalitionen mit der Linken einzugehen, solche Konstellationen der Parteienlandschaft maßgeblichen Einfluss auf die Entstehung von Minderheitsregierungen haben[15]. Dies war 1994 in Sachsen-Anhalt der Fall, 2008 lag eine ähnliche Konstellation in Hessen vor – wenngleich dort die Bildung einer Minderheitsregierung scheiterte –, und auch die Einsetzung der rot-grünen Minderheitsregierung unter Hannelore Kraft 2010 war ganz wesentlich bedingt durch die unklaren Mehrheiten nach der Landtagswahl im Mai 2010.

4.2 Die Einsetzung der rot-grünen Minderheitsregierung 2010: Bestimmungsfaktoren

4.2.1 Nach dem 14. Mai 2010: Pattsituation im Landtag

Hätte es einer parteipolitischen Situation bedurft, die die Probleme, die mit deutschen Fünfparteiensystemen verbunden sind, vor Augen führen sollte: Die Wahlergebnisse der nordrhein-westfälischen Landtagswahl vom 14. Mai 2010 hätte sie geliefert. Sowohl SPD als auch CDU verfügten im neugewählten Düsseldorfer Parlament über 67 Sitze, drittstärkste Fraktion waren die Grünen mit 23 Mandaten, die FDP kam auf 13 und die Linke auf elf Sitze im Landtag. Zwar verfügten SPD und Grüne über zehn Stimmen mehr als die Regierungsfraktionen der vorherigen Legislaturperiode, CDU und FDP, aber keines der beiden Bündnisse vermochte die absolute Mehrheit von 91 Sitzen im Landtag zu erzielen. Für eine Mehrheitsregierung musste demnach entweder eine Große Koalition gebildet werden oder

14 Vgl. Strøm: Minority Governments and Majority Rule, S. 64-65.
15 Vgl. Klecha: Minderheitsregierungen in Deutschland, S. 18-29.

ein Bündnis aus drei Parteien – und hiermit fingen die Schwierigkeiten an. Denn noch spielte eine mögliche Minderheitsregierung keine Rolle, auch vor dem Hintergrund des typischerweise virulenten Strebens nach klaren Mehrheiten im Zuge der Regierungsbildung. Eine Große Koalition erschien zum damaligen Zeitpunkt schon deswegen sowohl unwahrscheinlich als auch für beide Parteien unattraktiv, weil sowohl SPD als auch CDU erstens den Wahlsieg und zweitens den Posten des Ministerpräsidenten für sich beanspruchten – und beide mit guten Argumenten: Während die SPD auf die historischen Verluste der Christdemokraten verwies, die im Vergleich zur Wahl fünf Jahre zuvor 10,3 Prozentpunkte verloren hatten, reklamierte die Union den Wahlsieg für sich mit dem Argument, 0,1 Prozentpunkte bzw. 6200 Stimmen mehr gewonnen zu haben als die Sozialdemokraten: „Bei Punktgleichstand entscheidet das Torverhältnis", zitierte die Süddeutsche Zeitung Andreas Krautscheid, damals Generalsekretär der NRW-CDU, zum Wahlausgang.[16] Auch konnten und wollten die Christdemokraten die Person Jürgen Rüttgers nicht opfern – das aber wäre eine Mindestforderung der SPD gewesen. Da in Nordrhein-Westfalen der Ministerpräsident jedoch aus der Mitte des Parlamentes heraus gewählt wird (Art. 52 Abs. 1 NRW-LV), der Kandidat also über ein Landtagsmandat verfügen muss, war die Auswahl potenzieller Nachfolger aus den Reihen der CDU überschaubar, da auch keine renommierten Politiker der Bundesebene hätten entliehen werden können.

Da eine Regierungskonstellation ohne Beteiligung der Sozialdemokraten zu keiner Zeit nach der Wahl thematisiert worden war, blieben als einzige Alternativen somit Dreiparteienbündnisse mit SPD, Grünen und FDP respektive Linkspartei. Letztere Konstellation aber wurde bereits kurz nach der Wahl abgelehnt, auch weil Hannelore Kraft vor der Landtagswahl eine Kooperation mit der Linken ausgeschlossen hatte und es auch innerhalb der SPD Widerstand gegen ein Dreierbündnis der linken Parteien gegeben hätte; Sondierungsgespräche scheiterten bereits frühzeitig am Zweifel an der „Demokratiefähigkeit"

---

16 Nitschmann, Johannes/Leyendecker, Hans: Malefiz am Rhein, in: Süddeutsche Zeitung 107, 11. Mai 2010, S. 5.

der Linken.[17] Übrig blieb demnach – da man sowohl Minderheitsregierungen als auch direkte Neuwahlen vermeiden wollte –, ein insbesondere von Hannelore Kraft favorisiertes Bündnis mit der FDP, das nach sieben Sondierungsrunden jedoch ebenfalls scheiterte, vor allem an persönlichen wie inhaltlichen Diskrepanzen zwischen FDP und Grünen. In den Jahren zuvor hatten die Freidemokraten die Grünen als „Schande für den Landtag" bezeichnet und waren von den Grünen wiederum als „marktradikale Extremisten" kritisiert worden.[18] Die Süddeutsche Zeitung zitierte einen grünen Teilnehmer der Sondierungsgespräche mit den Worten: „Inhaltlich war das fast wie mit den Linken. Da war nix. Keine Gemeinsamkeiten. Wir haben festgestellt, dass wir es sieben Stunden miteinander an einem Tisch aushalten."[19] Vor allem aber scheiterten die Sondierungsgespräche mit der FDP, weil viele zentrale Wahlversprechen und Politikvorhaben der Minderheitsregierung in „Aufräumarbeiten" mit der Arbeit der schwarz-gelben Vorgängerkoalition von 2005 bis 2010 unter Jürgen Rüttgers bestanden (Abschaffung der Studiengebühren und Kopfnoten, Revision des Kinderbildungsgesetzes und dergleichen mehr) – Politikinhalte also, die von den Liberalen kaum mitgetragen würden. Jedwede denkbare Konstellationen, die eine Mehrheitsregierung ergeben hätten, waren im Zuge der Sondierungsgespräche gescheitert.

Bereits während der Regierungsbildungsphase, in der noch nach einer Mehrheitskoalition gesucht wurde, wurden erste Stimmen laut, die Minderheitsregierungen ins Spiel brachten: zunächst von Michael Groschek, dem damaligen Generalsekretär der NRW-SPD, der ein Minderheitskabinett für eine mögliche Übergangsregierung für geeignet hielt – entweder auf dem Weg zu einer Mehrheitskoalition oder zur Vorbereitung von

17 Dörries, Bernd/Nitschmann, Johannes: Rot-rote Eiszeit, in: Süddeutsche Zeitung 114, 20. Mai 2010, S. 6.

18 Dörries, Bernd: Das Lächeln stirbt zuletzt, in: Süddeutsche Zeitung 130, 10. Juni 2010, S. 6.

19 Ebd.; vgl. auch Dörries, Bernd/Nitschmann, Johannes: Alles auf Anfang, in: Süddeutsche Zeitung 132, 12./13. Juni 2010, S. 8.

Neuwahlen[20]; sodann auch von der Linken, die sich als möglicher Kooperationspartner einer Minderheitsregierung andiente, nachdem offensichtlich geworden war, dass sowohl eine Große Koalition als auch ein Ampelbündnis ob der Antipathien zwischen Grünen und FDP immer unwahrscheinlicher wurden.[21] Zugleich verband die Linkspartei mit ihrem Werben um eine von ihr tolerierte Minderheitsregierung die Hoffnung, Politikergebnisse in eine von ihr favorisierte Richtung beeinflussen zu können. Derweil wurden vor allem bei den Grünen Forderungen nach der Einsetzung einer rot-grünen Minderheitsregierung lauter; da Kraft aber eine Zusammenarbeit mit der Linkspartei vor der Wahl ausgeschlossen hatte, stellte eine Minderheitsregierung für sie allein schon aus Gründen der Glaubwürdigkeit keine Option dar. Stattdessen sah die Strategie von SPD und Grünen erst einmal vor, die geschäftsführend im Amt bleibende schwarz-gelbe Minderheitsregierung mit Anträgen zu traktieren und Politik aus der Opposition heraus zu machen.[22]

4.2.2 Geschäftsführendes Minderheitskabinett und Regieren aus der Opposition heraus

In parlamentarischen Demokratien ist, anders als in präsidentiellen Systemen, die Amtszeit des Regierungschefs an die Wahlperiode des Parlamentes gebunden. Nach Art. 69 Abs. 2 NRW-LV enden mit Zusammentritt des neugewählten Landtages zugleich die Regierungsämter der bis dato amtierenden Regierung. Als also am 9. Juni 2010 der neue Landtag Nordrhein-Westfalens zu seiner konstituierenden Sitzung zusammenkam, hätten hiermit eigentlich auch die Ämter des Kabinetts Rüttgers enden müssen, als Voraussetzung zur Wahl einer neuen Regierung nach Art. 52 NRW-LV. Zugleich aber kennt die Landesverfassung in Art. 62 Abs. 3 NRW-LV die Regelung, dass trotz

20 Dörries, Bernd: „Versaut es nicht wieder", in: Süddeutsche Zeitung 121, 29./30. Mai 2010, S. 8.

21 Vgl. Dörries, Bernd (2010c): Linke bietet Tolerierung an, in: Süddeutsche Zeitung 128, 8. Juni 2010, S. 6.

22 Vgl. Dörries, Bernd/Nitschmann, Johannes (2010a): Alles auf Anfang, in: Süddeutsche Zeitung 132, 12./13. Juni 2010, S. 8.

Konstitution eines neuen Parlamentes und der damit verbundenen Beendigung eines Regierungsamtes der Amtsträger noch solange im Amt verbleibt, bis ein neuer Regierungschef gewählt ist. Da sich in NRW aber zum Zeitpunkt der konstituierenden Landtagssitzung noch keine Koalition gefunden hatte, blieb die Regierung Rüttgers geschäftsführend weiterhin im Amt. Eine solche geschäftsführende Regierung muss in der Formation im Amt bleiben, die sie als Vollregierung innehatte, ist verfassungsrechtlich zeitlich und hinsichtlich ihrer Machtbefugnis unbegrenzt und endet erst mit der Einsetzung einer neuen Regierung durch Wahl eines Ministerpräsidenten. „Der Ministerpräsident und die Minister haben die konstituierende Landtagssitzung am 9.6.2010 als Mitglieder einer Vollregierung betreten und sie als Mitglieder einer geschäftsführenden Regierung verlassen."[23]

Dies waren die konstitutionellen Voraussetzungen für Hannelore Krafts Vorhaben, gegenüber der geschäftsführenden Regierung unter Jürgen Rüttgers aus der Oppositionsrolle heraus Politik machen und Gesetzentwürfe ins Parlament einbringen und durchsetzen zu wollen. Insbesondere sollte alsbald die Abschaffung der Studiengebühren vollzogen werden, die noch unter der ordentlichen Amtszeit von Rüttgers eingeführt worden waren. Aus funktionaler Sicht waren mit diesem Vorgehen aber bereits die Grundsteine einer rot-grünen Minderheitsregierung gelegt: Denn auch diese „Oppositionsregierung" verfügte im Landtag nur über die relative Mehrheit, und um Gesetze durchs Parlament bringen zu können, war sie auf Unterstützung angewiesen. Dies bedeutete nichts anderes als eine wie auch immer geartete Kooperation mit der Linkspartei, da CDU und FDP für Gesetzesvorhaben, die von SPD und Grünen aus der Opposition heraus lanciert würden, freilich nicht zur Verfügung standen. In diesem Sinne unterschieden sich die Strategie von Hannelore Kraft und ihr Regieren als Opposition nicht grundsätzlich von der Funktionsweise eines Minderheitskabinetts, das ebenso auf externe Unterstützung angewiesen ist. Und die Hal-

23 Busch, Jost-Dietrich: Geschäftsregierung und Regierungsbildung im Lande Nordrhein-Westfalen nach der Landtagswahl am 9. Mai 2010, in: Nordrhein-Westfälische Verwaltungsblätter 24 (2010), S. 374.

tung Krafts hatte sogar einen entscheidenden Nachteil: Ohne die Übernahme der Regierungsverantwortung fehlten ihr und ihren faktischen Regierungsparteien die Kontrolle über die Ministerialbürokratie und die damit verbundenen Einflussmöglichkeiten.

4.2.3 Die Formierung der rot-grünen Minderheitsregierung

Die Haltung vor allem der nordrhein-westfälischen SPD unter ihrer Landesvorsitzenden Kraft, aus der Opposition heraus Politik machen zu wollen, prägte für einige Zeit die Haltung der Partei nach der Landtagswahl; und es deutete wenig darauf hin, dass Kraft und ihre Partei ihren Standpunkt zugunsten einer rot-grünen Minderheitsregierung ändern sollten. Dies zeigt insofern bemerkenswert den politisch-kulturellen Stellenwert einer Minderheitsregierung in Deutschland, insofern die „Regierungsarbeit" aus der Opposition heraus der Formierung eines Minderheitskabinettes vorgezogen wurde. Und doch kam es anders am 17. Juni 2010. Fünf Wochen waren seit der Landtagswahl vergangen. Nachdem während der Regierungsbildungsphase zwar das Thema Minderheitsregierung insbesondere von den Grünen angesprochen worden war, wollten nun auch die Sozialdemokraten das, was sie die ganze Zeit ausgeschlossen hatten: eine Minderheitsregierung bilden. Mehrere Gründe spielten bei der durchaus als überraschend wahrgenommenen Wende Hannelore Krafts eine entscheidende Rolle, weshalb sie gegen ihre Ankündigung verstieß, keine Minderheitsregierung zu bilden, was wohl auch die Zusammenarbeit mit der Linkspartei einschloss, die sie vor der Wahl noch ausgeschlossen hatte.

Erstens wurde der Druck auf Kraft immer größer, sich auf eine Minderheitsregierung einzulassen; und dabei spielte auch die Bundespolitik eine Rolle. Denn solange das schwarz-gelbe Kabinett Rüttgers noch geschäftsführend im Amt blieb, verfügte die Bundesregierung aus CDU und FDP im Bundesrat über eine absolute Mehrheit. Diese würde den Regierungsparteien allerdings verloren gehen, sobald sich eine rot-grüne Minderheitsregierung, aber auch eine Große Koalition bilden würde; letztere aber hatte sich in der Realität ja bereits als nicht formierbar erwiesen. Da zu dieser Zeit, im Herbst 2010, im Bundesrat über die Verlängerungen der Laufzeiten für Atomkraftwerke hätte entschieden werden müssen und der Bundesrat für die Bundesopposition damit eine zentrale strategische Rolle in der Blockade der Politik der Bundesregierung würde spielen können – wenn CDU und FDP im Bundesrat ihre Mehrheit verlieren würden –, drängten sowohl die Spitzen der Bundes-SPD als auch der Grünen Hannelore Kraft zum Einlenken und zur Formierung einer Minderheitsregierung.[24] Vor diesem Hintergrund drohte die Frage der Minderheitsregierung auch das Proto-Bündnis von SPD und Grünen auseinander zu treiben: Vor allem die Grünen drängten aufgrund ihrer umweltpolitischen Sensibilität nach dieser Lösung und stellten Kraft ein Ultimatum: „Wenn Frau Kraft und die SPD das Wagnis einer rot-grün geführten Minderheitsregierung scheuen, muss die SPD in die große Koalition."[25]

Der zweite Grund und wohl der unmittelbare Auslöser für die Wende Hannelore Krafts ist dagegen ein Interview, das Andreas Pinkwart, bis 2011 Landesvorsitzender der FDP in Nordrhein-Westfalen, gab, in dem er die Zusammenarbeit der bisherigen Regierungsfraktionen zwar für beendet erklärte, diese aber durch die verfassungsmäßigen Vorgaben an eine geschäftsführende Landesregierung noch im Amt zu bleiben hätten.[26] Im Gespräch mit dem Nachrichtenmagazin SPIEGEL erwiderte Hannelore Kraft, dieser „Zustand ist für Nordrhein-Westfalen unhaltbar"[27]. Der argumentative Bezug auf die Aussagen Andreas Pinktwarts könnte so möglicherweise auch insofern als ausschlaggebendes Momentum angesehen werden, als sie die Einsetzung einer Minderheitsregierung legitimieren

24 Vgl. Brössler, Daniel/Dörries, Bernd/Höll, Susanne (2010): Gabriel drängt Kraft zu Minderheits-Regierung, in: Süddeutsche Zeitung 134, S. 1.

25 Vgl. Dörries, Bernd (2010b): „Lähmender Schaukampf", in: Süddeutsche Zeitung 135, 16. Juni 2010, S. 6.

26 Siehe http://www.derwesten.de/politik/pinkwart-beendet-die-koalition-id3119112.html (17. April 2013).

27 Siehe http://www.spiegel.de/spiegel/print/d-71029972.html (17. April 2013).

würden: Auch wenn eine Mehrheitskoalition der grundsätzlich präferierte Regierungstypus sei, so sei ein Minderheitskabinett eher zu bevorzugen als eine Vorgängerregierung, die nur noch kommissarisch im Amt verbleibt, ihre eigene Zusammenarbeit aber für beendet erklärt hat.

Drittens waren die Risiken hinsichtlich der Einsetzung einer rot-grünen Minderheitsregierung von Anfang an überschaubar. Die Linke hatte bereits frühzeitig Kooperationsbereitschaft signalisiert und auch vor der Wahl Krafts zur Ministerpräsidentin angekündigt, ihre Wahl nicht blockieren zu wollen, schließlich seien Politikergebnisse einer rot-grünen Regierung erwartbar näher am Idealpunkt der Linkspartei als bei anderen Regierungskonstellationen. Außerdem bot eine Minderheitsregierung aus Sicht der Linken Möglichkeiten des *policy*-Einflusses, die im Falle einer Mehrheitsregierung in dieser Form nicht bestehen würden.[28] Allerdings stellte die Linke gleichzeitig Anforderungen an eine Tolerierung der Minderheitsregierung, um ihrer Rolle als Oppositionspartei gerecht zu werden und um ihrer eigenen Wählerschaft zu signalisieren, sich nicht allzu gefügig gegenüber der Minderheitsregierung zu verhalten: Die Linke werde keinen „Sozialabbau" und keine „Privatisierungen" dulden, sie warnte vor wechselnden Mehrheiten mit den anderen Oppositionsparteien und verlangte, bei jedem Gesetzesvorhaben der Landesregierung konsultiert zu werden.[29] Dies sollte dazu dienen, sich trotz der Kooperationsbereitschaft mit der Minderheitsregierung dezidiert als Oppositionspartei darzustellen. Zudem spielten ihr die Vorgaben der Verfassung zur Wahl einer Minderheitsministerpräsidentin in die Karten, da bereits im zweiten Wahlgang nur noch die relative Mehrheit erforderlich war, die bereits durch nur eine einzige Einhaltung aus den Reihen der Linken sichergestellt wäre. Spätestens im vierten

28 Siehe http://www.spiegel.de/politik/deutschland/minderheitsregierung-in-nrw-linke-garantiert-abwahl-von-ruettgers-a-705499.html (19. Dezember 2012).

29 Siehe http://www.spiegel.de/politik/deutschland/minderheitsregierung-in-nrw-linke-garantiert-abwahl-von-ruettgers-a-705499.html (9. April 2013); http://www.spiegel.de/politik/deutschland/nrw-minderheitsregierung-linke-sucht-machtprobe-mit-kraft-a-707087.html (9. April 2013).

Wahlgang würde es, sofern alle drei vorherigen Durchgänge zur Ministerpräsidentenwahl gescheitert wären, zu einer Stichwahl kommen, in der spätestens die Einsetzung einer rot-grünen Minderheitsregierung nicht mehr zu verhindern sein würde. Betrachtet man diese Gemengelage und die angeführten Gründe, dann ist die Formierung einer Minderheitsregierung unter den gegebenen Umständen sogar als ein durchaus rationaler Schritt anzusehen.

5. Entscheidungsfindung im Konsens: der Schulkompromiss von SPD, Grünen und CDU

5.1 Konsensuale Entscheidungsfindung und Interaktionsformen

Der „Schulfrieden" zwischen SPD, Grünen und CDU ist ein typisches Beispiel für das, was Fritz Scharpf als „Problemlösen" bezeichnet hat: Ergebnisse, die nicht den idealen Präferenzen der an den Verhandlungen beteiligten Akteure entsprechen, ihnen alles in allem aber mehr nutzen als schaden und die „die gemeinsame Realisierung besserer Projekte" zum Ziel haben.[1] Das Beispiel des Schulkonsenses, der im Folgenden untersucht werden soll, dient also als Beispiel, wie eine Minderheitsregierung ihre fehlende Mehrheit durch Verhandlungen mit der Opposition ausgleichen kann, ohne auf unilaterales Handeln und riskante Mittel der Agendasetzung angewiesen zu sein. Dies wird auch dadurch möglich, dass die Schulpolitik zwar ein traditionell umstrittenes Politikfeld ist, auf dem aber weniger konfrontative Verfahrensregeln herrschen als etwa in der Haushaltspolitik. Zwar haben die konstitutionellen Rahmenbedingungen, wie noch gezeigt wird, eine Kooperation zwischen Minderheitsregierung und Christdemokraten unumgänglich gemacht. Als Fallbeispiel eignet es sich dennoch insofern, als das Augenmerk weniger auf das Minderheitskabinett selber gelegt wird als vielmehr auf die Opposition: Warum hat die CDU die rot-grüne Minderheitsregierung gestützt, zumal auf einem Politikfeld, das zu den Kernkompetenzen einer jeden Landesregierungen gehört und in einer Sachfrage, in der die Minderheitsregierung ob ihrer Wahlversprechen den Zwängen ausgesetzt gewesen ist, ihr Vorhaben auch zu realisieren?

Kommt es zu kooperativen Interaktionen, d.h. wenn die beteiligten Interaktanden an einem gemeinsamen Ergebnis inte-

1 Scharpf: Interaktionsformen, S. 221.

ressiert sind, wird der Gefahr des *cheap talk*, der leeren Versprechungen, zumeist begegnet. Da von rationalen Akteuren ausgegangen wird, bedeutet das gleichsam auch, dass „diese wohlfahrtseffizienten Ergebnisse durch ausschließlich eigeninteressierte Akteure erzielt werden können, die per definitionem einer Vereinbarung nicht zustimmen würden, wenn das erwartete Ergebnis aus ihrer subjektiven Perspektive nicht attraktiver ist als die Lösung, die ohne die Vereinbarung zu erwarten wäre."[2] Kooperationen haben so die inhärente Schwierigkeit, gemeinsam eine Entscheidung finden und diese dann auch noch umsetzen zu müssen; beides setzt voraus, dass jeder beteiligte Akteur mit der getroffenen Entscheidung zufrieden ist, andernfalls würde er die Durchführung der gemeinsamen Entscheidung desavouieren. Zudem kann die Zahl der Fälle, in denen Entscheidungen durch Kooperation getroffen werden, durchaus begrenzt sein, da jeder neue Teilnehmer einer Kooperation die Transaktionskosten der Entscheidungsfindung erhöht. Sind aber einmal Entscheidungen im Konsens getroffen worden, ist die Sicherheit hoch, dass diese sodann auch implementiert werden.[3]

5.2 Schulpolitik im deutschen Föderalismus und die schulpolitischen Vorhaben der rot-grünen Minderheitsregierung

In der Kompetenzverteilung des deutschen Föderalismus ist infolge der Kulturhoheit der Länder insbesondere die Schulpolitik als originäre Ländersache übrig geblieben und damit die „ureigenste Kernkompetenz der Bundesländer" geworden.[4] Es verwundert daher nicht, dass sich Landesregierungen insbesondere auf den Feldern der Schul- und Hochschulpolitik zu profilieren suchen, auf jenem Feld also, auf dem die deutschen Länder über die größten Gesetzgebungskompetenzen verfügen. So un-

2 Ebd., S. 197

3 Vgl. ebd., S. 197-208.

4 Wolf, Frieder: Die Schulpolitik – Kernbestand der Kulturhoheit, in: Hildebrandt, Achim/Wolf, Frieder (Hg.): Die Politik der Bundesländer. Staatstätigkeit im Vergleich, Wiesbaden, S. 21.

terscheiden sich beispielsweise die Schulstrukturen von Land zu Land; und während die Gymnasien im traditionell gegliederten Schulsystem Deutschlands noch weitgehend unangetastet geblieben sind, betrafen Reformen vor allem die Zusammenführung von Haupt- und Realschulen, meist mit unterschiedlichen Bezeichnungen und unterschiedlichen Konzepten: Werksrealschulen (Baden-Württemberg), Mittelschulen (Bayern), integrierte Sekundarschulen (Berlin) oder Ober- und Gesamtschulen (Brandenburg). Zudem unterscheidet sich in den Bundesländern die Zahl der Schuljahre, die bis zur Erlangung des Abiturs absolviert werden müssen. Typischerweise waren ursprünglich neun Jahre vorgesehen, in Thüringen sind es aber beispielsweise nur acht; in Nordrhein-Westfalen beschloss die schwarz-gelbe Regierung unter Rüttgers ebenfalls die Verkürzung der Gymnasialzeit von neun auf acht Jahre – eine Regelung, die von SPD und Grünen später zum Teil rückgängig gemacht worden ist und den Schulen die Entscheidung überlassen hat, ob acht oder neun Jahre auf einem Gymnasium verbracht werden sollen.

Auch die rot-grüne Minderheitsregierung unter Hannelore Kraft und ihrer Stellvertreterin Sylvia Löhrmann (Grüne), die zugleich Ministerin für Schule und Weiterbildung in den Kabinetten Kraft I und II war, plante umfangreiche Reformen – und es ist kein Zufall, dass im Koalitionsvertrag der ersten Regierung unter Kraft (sowie in den Wahlprogrammen von CDU und FDP, nicht jedoch im Programm der Linken) die Bildungspolitik an erster Stelle stand. Hinsichtlich des Schulsystems verfolgte die Minderheitsregierung das zentrale Vorhaben, die „Gemeinschaftsschule“ flächendeckend einzuführen, auch dadurch, dass neu entstehende Schulen in der Regel als Gemeinschaftsschulen eingerichtet werden sollten:

> Die Gemeinschaftsschule ist eine Ganztagsschule, die gymnasiale Standards mit einschließt. In den Klassen 5 und 6 findet für alle Schülerinnen und Schüler gemeinsamer Unterricht statt. Schule, Schulträger und Eltern entscheiden darüber, wie es ab Klasse 7 oder später weitergeht: Entweder werden integrierte Lernkonzepte weitergeführt oder es wird nach Bildungsgängen differenziert. Am

> Ende der Klasse 10 können alle Schulabschlüsse der Sekundarstufe I erreicht werden.[5]

Nach den Plänen der Landesregierung sollten in den nächsten fünf Jahren dreißig Prozent aller weiterführenden Schulen – das wären ohne Sonder- und Förderschulen immerhin mehr als 600 Schulen[6] – in Gemeinschaftsschulen umgewandelt und neue Schulen als dezidierte Gemeinschaftsschulen gegründet werden. Da dieses Vorhaben, die Einführung der Gemeinschaftsschule, ein zentrales Wahlkampfthema der Regierungsparteien war, hatten diese schon aus Gründen der Glaubwürdigkeit ein zentrales Interesse daran, ihr Vorhaben umzusetzen. Ausgehend von den Wahlprogrammen der Oppositionsparteien wäre eine Zusammenarbeit mit der Linkspartei am ehesten möglich, die in ihrem Programm zur Landtagwahl 2010 „‚eine Schule für Alle' von der ersten bis zur zehnten Klasse" und damit auch die Aufhebung der Dreigliedrigkeit im nordrhein-westfälischen Schulsystem forderte[7]; allerdings ohne die von SPD und Grünen geplante fakultative Binnendifferenzierung. Da hiervon aber auch die Gymnasien betroffen gewesen wären, hätte es durchaus gesellschaftliche Proteste provozieren können (s.w.u.), sodass bereits aus diesem Grund Vorbehalte gegen eine Zusammenarbeit hätten aufkommen können. CDU und FDP lehnten dagegen die Aufhebung des gegliederten Schulsystems gemeinhin ab. Die CDU wollte das gegliederte Schulsystem ausdrücklich bewahren und die Hauptschulen ursprünglich stärken[8], wich hiervon aber im Rahmen des Schulkompromisses mit der rot-grünen Minderheitsregierung später ab. Und auch die FDP lehnte die Aufhebung des gegliederten Schulsystems zugunsten einer „Einheitsschule" ab, sah aber in ihrem Wahl-

5 NRW-SPD/Bündnis 90-Die Grünen NRW: Nordrhein Westfalen 2010-2105: Zusammen für NRW, Düsseldorf 2010, S. 9.

6 Vgl. Winands, Günter: Die „Gemeinschaftsschule" in Nordrhein-Westfalen. Grenzen eines Schulversuchs, in: Die öffentliche Verwaltung. Zeitschrift für öffentliches Recht und Verwaltungswissenschaft 64 (2011), S. 45-53.

7 Die Linke Nordrhein-Westfalen: Original sozial – konsequent solidarisch. Das Landeswahlprogramm 2010, Düsseldorf 2010, S. 38.

8 Vgl. CDU Nordrhein-Westfalen: Neue Sicherheit und Solidarität Nordrhein-Westfalen 2020, Düsseldorf 2010, S. 9-10.

programm vor, Haupt- und Realschulen zu „regionalen Mittelschulen“ zusammenzufassen, in denen mittlere Abschlüsse erworben werden könnten.[9]

Betrachtet man die Positionen der Parteien, die vor der Wahl formuliert bzw. im Koalitionsvertrag von SPD und Grünen festgehalten worden waren, ist erstaunlich, dass der Schulkompromiss ausgerechnet mit der CDU erzielt wurde, mit jener Partei also, die a priori die größten Differenzen mit dem Vorhaben der Regierung aufwies. Dass sich letztlich SPD, Grüne und CDU auf einen Konsens einigen konnten, hängt auch mit zwei weiteren Faktoren zusammen, die im Folgenden eine wesentliche Rolle spielen werden: Erstens wurde die Hauptschule bis zum auch verfassungsändernden Schulkonsens in Art. 8 Abs. 2 NRW-LV konstitutionell geschützt (in der Verfassung noch als „Volksschule“ bezeichnet); für die langfristige Abschaffung der Hauptschulen, wie von der Minderheitsregierung intendiert, würde also eine Änderung der Verfassung via Zweidrittel-Mehrheit nötig sein, die mathematisch zwangsläufig der Stimmen der christdemokratischen Landtagsabgeordneten bedurfte. Zweitens stellte die nordrhein-westfälische Bevölkerung eine potenzielle Vetomacht dar, wenn es darum ging, infolge der Einführung der Gemeinschaftsschule nicht nur die Hauptschulen, sondern gleichsam auch die Gymnasien abzuschaffen bzw. in die neue Schulform zu integrieren.

5.3 Die Bevölkerung als Vetomacht: gesellschaftliche Rahmenbedingungen in der Schulpolitik

Einmal eingeschlagene Pfade lassen sich so einfach nicht ändern. Daher gilt, dass soziale Institutionen umso schwerer zu reformieren sind, desto länger sie gewirkt haben. So verfügt die Schul- und Hochschulpolitik über eine lange Tradition in der deutschen Geschichte; auch die Struktur des deutschen Bildungswesens und seine heutige Dreigliedrigkeit folgt einer lan-

9 Vgl. FDP Nordrhein-Westfalen (2010): Aufsteigerland NRW. Das Programm zur nordrhein-westfälischen Landtagswahl 2010, Düsseldorf.

gen, fast zweihundert Jahre währenden Pfadabhängigkeit.[10] Die Voraussetzungen für die Expansion des Schulwesens, die Einführung einer allgemeinen Schulpflicht Ende des 18. und zu Beginn des 19. Jahrhunderts in den ersten Gliedstaaten des deutschen Reiches und später der Ausbau und die Ausdifferenzierung des Schulwesens waren die enormen und mannigfaltigen Veränderungen und Ausdifferenzierungen in der sozialen, wirtschaftlichen und ökonomischen Struktur der Gesellschaft seit Beginn der Moderne, die Deutschland spätestens Anfang des 19. Jahrhunderts erreicht hat: das zunehmende Bevölkerungswachstum und die Verstädterung der Gesellschaft; die Industrialisierung, d.h. die Notwendigkeit zur besseren und spezifischeren Ausbildung der Arbeiterschaft sowie das neue selbstbewusste Verständnis eines modernen Staates mit gut ausgeprägter Verwaltung, Bürokratie und Militärwesen, zu dessen Steuerung es gut ausgebildeten Spitzenpersonals bedurfte.[11] Hierin lagen gleichsam die Grundsteine der Differenzierung der verschiedenen Schularten.[12] Bereits zu Beginn des 19. Jahrhunderts waren so die Grundlagen einer gegliederten Schulstruktur in Deutschland geschaffen: mit Elementarschulen, aus denen sich später Volksschulen und sodann Hauptschulen entwickelten; mit Bürger- und Realschulen auf einem gehobenen Bildungsniveau, das nicht zu einem Universitätsstudium berechtigte, sondern der Ausbildung industrieller, gewerblicher oder handwerklicher Berufe dienen sollte. Die Berechtigung zu einem Hochschulstudium dagegen konnte nur mit dem Besuch einer höheren Schule, dem Gymnasium, erlangt werden.[13]

Auch wenn Wesen und Struktur der Schule über die Jahrhunderte hinweg deutliche Veränderungen durchlebten – der Besuch eines Gymnasiums beispielsweise ist heute viel weniger ein Privileg als noch zu Zeiten des Kaiserreichs –, hat sich die Gliederung des Schulsystems nach Bildungsniveau als bemer-

---

10 Vgl. Geißler, Gert: Schulgeschichte in Deutschland. Von den Anfängen bis in die Gegenwart, Frankfurt am Main u.a. 2011.

11 Vgl. Osterhammel, Jürgen: Die Verwandlung der Welt. Eine Geschichte des 19. Jahrhunderts, München 2011.

12 Vgl. Geißler: Schulgeschichte in Deutschland.

13 Vgl. ebd., S. 108-171.

kenswert stabil erwiesen. Versuche der Alliierten in den Westzonen, 1947 eine „demokratische Gemeinschaftsschule" nach US-amerikanischem Vorbild zu installieren und damit die Dreigliedrigkeit des deutschen Schulwesens aufzubrechen, stießen auf massiven Widerstand und verloren 1949 mit Ende des Besatzungsstatuts ihre Grundlage und politische Relevanz. Stattdessen wurden die schulpolitischen Traditionen aus Kaiserreich und Weimarer Republik und damit die Dreigliedrigkeit des Schulsystems wieder aufgegriffen.[14] Auch verliefen Bestrebungen der sozial-liberalen Koalition auf Bundesebene, unterstützt vom Deutschen Bildungsrat die horizontale Gliederung des Schulwesens zugunsten einer vertikalen Gliederung zu transformieren, d.h. zugunsten einer integrierten Gesamtschule, nur mit wenig Erfolg. Da Schulpolitik aber der Hoheit der Bundesländer oblag, verfolgten konservativ geprägte Landesregierungen dieses Vorhaben kaum; und auch in sozialdemokratisch regierten Ländern gelang in den 1970er und 1980er Jahren ob des massiven gesellschaftlichen Widerstandes gegen diese Pläne lediglich, die Gesamtschule als zusätzliche Schulform zu installieren und das gegliederte Schulsystem grundsätzlich nicht anzutasten. Im sozial-liberal geführten Nordrhein-Westfalen etwa entbrannte 1978 ein heftiger gesellschaftlicher Konflikt um die umfassende Einführung der Gesamtschule, die erstens wegen des konstitutionellen Schutzes der Hauptschulen in der Landesverfassung und zweitens am gesellschaftlichen Veto scheiterte: Innerhalb von zwei Wochen formierte sich in Nordrhein-Westfalen, angeführt von CDU, Kirchen sowie Eltern- und Lehrerverbänden, ein Volksbegehren mit mehr als 3,5 Millionen Stimmen – fast ein Drittel der Wahlberechtigten, die gegen die Einführung der integrierten Gesamtschule als reguläre Schulform votierten.[15] Es war dies bislang das quantitativ größte Volksbegehren in der deutschen Geschichte. Die flächendeckende Einführung der Gesamtschule wurde zunächst von der

14 Vgl. ebd., S. 651-655; Klaus, Klaus, Josef: Baustelle Gymnasium, in: Oberreuter, Heinrich (Hg.): Bildungspolitik im Umbruch, Zeitschrift für Politik, Sonderband 4, Baden-Baden 2011, S. 63-78

15 Vgl. Seifert, Benjamin: Reformoptimismus und Bürgerwut. Das Volksbegehren gegen die „kooperative Schule" in Nordrhein-Westfalen, Stuttgart 2013.

politischen Agenda gestrichen, lediglich gelang ihre Verankerung als alternative Schulform neben der bestehenden Schulstruktur. Die Dreigliedrigkeit und insbesondere die Gymnasien blieben hingegen unangetastet.[16]

Ob und in welcher Form die nordrhein-westfälische Gesellschaft sich zum Vorhaben der Gemeinschaftsschule positioniert hätte, wie sie reagieren würde, wenn in absehbarer Zeit die Gemeinschaftsschule die standardmäßige Schulform wäre und nicht mehr das Gymnasium (zu den genauen Zahlen s.w.u.): Das muss Spekulation bleiben, auch weil die aufgeführten Beispiele nicht vollends deckungsgleich mit den Plänen der Minderheitsregierung sind. Hinweise auf das enorme gesellschaftliche Vetopotenzial geben sie aber durchaus. Und die Vetomacht der Bevölkerung, sobald die Politik die Interessen der Gymnasien zu berühren suchte, musste auch die schwarz-grüne Landesregierung von Hamburg erfahren, die 2008 geplant hatte, die Grundschulzeit um zwei auf sechs Jahre zu verlängern und damit die Gymnasialzeit zu verkürzen. Bereits bei der Ankündigung dieses Vorhabens organisierte sich Protest unter Teilen der Elternschaft und rund zweieinviertel Jahre später – just zu der Zeit also, da sich in Düsseldorf die rot-grüne Minderheitsregierung formierte – scheiterten die schwarz-grünen Pläne an einem Volksentscheid. Ein solches Veto der Bevölkerung, das vor allem von sozioökonomisch besser situierten Milieus der Hamburger Gesellschaft initiiert, durchgeführt und beim Entscheid bestimmt worden war[17] und das Feld der Schulpolitik in nicht zu überschätzender Weise strukturierte, musste auch das Kabinett Kraft antizipieren, wenn die Kompetenzen der Gymnasien und deren Stellung in der Gesellschaft durch schulpolitische Reformen berührt worden wären.

---

16 Vgl. Jung: Baustelle Gymnasium, S. 13-14; Geißler: Schulgeschichte in Deutschland, S. 846-848.

17 Vgl. Schäfer, Armin: Mehr Mitsprache, aber nur für wenige? Direkte Demokratie und politische Gleichheit, in: Max-Planck-Institut für Gesellschaftsforschung, Jahrbuch 2011, S. 53-59.

5.4 Das Scheitern des Schulversuchs

Diese zwei dargestellten Vetopunkte – der Schutz der Hauptschulen in der Landesverfassung und das potenzielle Veto seitens der nordrhein-westfälischen Gesellschaft – schränkten die Handlungsoptionen der Minderheitsregierung, ihr Vorhaben umzusetzen, von Beginn an wesentlich ein. Die Einführung der Gemeinschaftsschule, flächendeckend und in der idealen Form, wie sie im Koalitionsvertrag festgehalten worden war, war so wenn nicht unmöglich, dann doch sehr unwahrscheinlich. Zwar wollte die rot-grüne Minderheitsregierung zunächst die Gemeinschaftsschule idealiter im Schulgesetz verankern, rückte hiervon jedoch wenige Wochen nach den Koalitionsverhandlungen vor dem Hintergrund der hier aufgezeigten Vetopunkte wieder ab. Stattdessen fand sie im September 2010 im Schulgesetz ein Schlupfloch, mit dem sie der Einführung der Gemeinschaftsschule näherkommen konnte, ohne die Zustimmung des Parlamentes zu benötigen. Zu Beginn sollte die Gemeinschaftsschule durch den Schulversuch „Längeres gemeinsames Lernen", wie ihn das Schulgesetz ermöglichte, eingeführt werden – mit einem entscheidenden strategischen Hintergrund: Eine große Zahl von Anträgen für den Schulversuch – es waren mehr als fünfzig solcher „Versuchsschulen" geplant – sollte als Abstimmung mit Füßen dem Landtag Druck machen, die Gemeinschaftsschule zum Regelangebot zu machen.[18] Gleichsam wird hierdurch auch die Bedeutung des Verwaltungshandelns deutlich, da Schulversuche nach §25 Abs. 4 des Schulgesetzes (SchulG) der Genehmigung des Schulministeriums bedurften. Die Möglichkeit, diesen Passus des Schulgesetzes für sich zu nutzen, war bereits im Koalitionsvertrag von SPD und Grünen vorgesehen, um „Gemeinschaftsschulkonzepte und innovative schulische Vorhaben, die das längere gemeinsame Lernen zum Ziel haben, ohne Verzögerung auf den Weg zu bringen".[19]

Die Möglichkeiten eines Schulversuches für die Ministerialbürokratie sind in §25 SchulG festgelegt. Sie dienen nach Abs. 1

---

18 Vgl. Winands: Die „Gemeinschaftsschule" in Nordrhein-Westfalen. Grenzen eines Schulversuchs, S. 46.

19 NRW-SPD/Bündnis 90-Die Grünen NRW: Nordrhein Westfalen 2010-2105: Zusammen für NRW, Düsseldorf 2010, S. 7.

dazu, „das Schulwesen weiterzuentwickeln. Dazu können insbesondere Abweichungen von Aufbau und Gliederung des Schulwesens sowie Veränderungen oder Ergänzungen der Unterrichtsinhalte, der Unterrichtsorganisation sowie der Formen der Schulverfassung und der Schulleitung" erprobt werden, müssen aber „zeitlich und im Umfang begrenzt" sein. Abs. 2 ermöglicht zudem die Einrichtung von „Versuchsschulen" zur „Erprobung von Abweichungen, Veränderungen oder Ergänzungen grundsätzlicher Art". Um den Anforderungen des Schulgesetzes hinsichtlich Umfang und Zeitraum gerecht zu werden, sollte die Gemeinschaftsschule, wie sie von SPD und Grünen im Koalitionsvertrag konzipiert worden ist, eine Quote von fünf Prozent nicht übersteigen, also quantitativ deutlich weniger umfangreich sein als die im Koalitionsvertrag ursprünglich vorgesehenen dreißig Prozent.[20] Die Dauer des Schulversuches wurde auf sechs Jahre veranschlagt, beginnend mit dem Schuljahr 2011/12 plus der Zeit, welche die während der Versuchszeit eingeschulten Schüler bis zu ihrem Abschluss benötigen (also mindestens elf Jahre). Aus demokratietheoretisch-normativer Sicht wurde der Versuch, der Einführung der Gemeinschaftsschule mittels eines Schulversuches näher zu kommen, jedoch kritisiert, da eine derart umstrittene und wegweisende Entscheidung wie die Einführung einer Gemeinschaftsschule stets einen Parlamentsvorbehalt verlange und der Landtag mithin nicht umgangen werden dürfe.[21]

Tatsächlich entschied dann Anfang Juni 2011 auch das Oberverwaltungsgericht Münster in zwei Eilverfahren[22], dass die Ermächtigung des Schulministeriums, auf dem die Einführung der Gemeinschaftsschule als Schulversuch basierte, keine ausreichende Rechtsgrundlage darstelle, weil das federführende Ministerium nicht habe darlegen können, inwiefern die Gemeinschaftsschule noch erprobt werden müsse. Da es bereits jahrzehntelange Erfahrungen mit Gesamtschulen gäbe, war in

---

20 Pieroth, Bodo/Barczak, Tristan (2011): Die neue Gemeinschaftsschule am Maßstab der Schulversuchsklausel und der Hauptschulgarantie, in: Nordrhein-Westfälische Verwaltungsblätter 25, S. 124-125.

21 Vgl. Winands: Die „Gemeinschaftsschule" in Nordrhein-Westfalen. Grenzen eines Schulversuchs, S. 47-48.

22 Az.: 19 B 478/11, 19 B 479/11

den Augen des Gerichtes eine Erprobung der Gemeinschaftsschule nicht mehr notwendig, sodass dessen Einführung einer Verankerung im Schulgesetz bedürfe.[23] Das OVG Münster war auf Anruf der Landesregierung tätig geworden, nachdem zuvor die Verwaltungsgerichte Arnsberg[24] und Aachen[25] zu zwei sich widersprechenden Meinungen gelangt waren. Während im Februar 2011 das VG Aachen das Schulgesetz als ausreichende Grundlage für den Schulversuch zur Gemeinschaftsschule ansah (allerdings eine Sekundarstufe II untersagte), stoppte das Arnsberger Verwaltungsgericht in einem Urteil zwei Monate später die Errichtung einer Gemeinschaftsschule in Finnentrop mit einer Argumentation, die vergleichbar ist mit jener im Urteil des OVG.[26] Die Minderheitsregierung benötigte also zur Änderung des Schulgesetzes die Zustimmung des Landtages, womit sie wiederum mit den eingangs aufgeführten Problemen konfrontiert war.

5.5 Der Schulkonsens von SPD, Grünen und CDU

5.5.1 Ausgangslage

Die Ausgangslage war also offenkundig: Nach dem Veto der Judikative musste die Minderheitsregierung mit der Union verhandeln, wollte sie ihrem ursprünglichen Ziel zumindest etwas nahekommen; die anderen oppositionellen Parteien hätten sich höchstens dem letztlichen Kompromiss nur anschließen können, ohne aber entscheidenden Einfluss auf das Politikergebnis nehmen zu können. Ihrem Vorhaben, die Gemeinschaftsschule

---

23 Den zwölf im Rahmen des Schulversuches bereits genehmigten Gemeinschaftsschulen wurde im nachfolgenden Schulkompromiss wurde gesetzlich zugesichert, „bis zum Ablauf des Schuljahres, in dem letztmalig Schülerinnen und Schüler in die Klasse 5 aufgenommen werden (2016/2017) und danach auslaufend nach den Versuchsbedingungen arbeiten" zu können (§83 Art. 2 Abs. 1 SchulG).

24 Az.: 10 L 141/11, 10 L 155/11

25 Az.: 9 L 51/11

26 Siehe http://www.nrw.de/meldungen-der-landesregierung/gemeinschaftsschulen-landesregierung-legt-beschwerde-ein-10751/ (02. Januar 2013).

gemäß ihren Wahlversprechungen und ihren Koalitionsvereinbarungen flächendeckend einzuführen, musste die Landesregierung jedoch aus Gründen der öffentlichen Reputation weiterhin nachkommen. Ob des konstitutionellen Schutzes der Hauptschulen mussten also mit Regierung und CDU jene Interaktionsteilnehmer Verhandlungen aufnehmen, die im Vorfeld die größten inhaltlichen Differenzen in bildungspolitischen Fragen aufgewiesen hatten, womit das Politikergebnis vorentscheidend geprägt war. Das ursprünglich formulierte Ziel für die Einführung einer Gesamtschule und die schrittweise Abschaffung der Dreigliedrigkeit im nordrhein-westfälischen Schulsystem würde kaum mehr zu erreichen sein. Dafür aber hatte eine erfolgreiche Kooperation mit der CDU den Vorteil, mit hoher Wahrscheinlichkeit ein Gesetz zu verabschieden. In dieser Hinsicht spielte auch zunächst keine Rolle, ob die rot-grüne Koalition eine Mehrheits- oder Minderheitsregierung war – denn auf die Zustimmung der CDU wäre sie in beiden Fällen angewiesen gewesen. Zudem musste die Minderheitsregierung noch das beträchtliche Vetopotenzial berücksichtigen, das die Öffentlichkeit in sich barg.

Kurzum: Das konstitutionelle Arrangement in der Schulpolitik begrenzte die Zahl der am politischen Spiel teilnehmenden Akteure, es senkte damit auch die Transaktionskosten der anstehenden Verhandlungen und schränkte zugleich das Spektrum an realisierbaren Lösungen ein. Ohne die genannten Vetopunkte hätte die Minderheitsregierung durchaus die Möglichkeit besessen, anstelle der konsensualen Verhandlung mit der Union die Einführung der Gemeinschaftsschule unilateral voranzutreiben (und damit vergleichbar mit der Haushaltsgesetzgebung im nachfolgenden Kapitel). Sie hätte wahlweise der Linkspartei oder der FDP einen Gesetzentwurf in Form eines *take it or leave it*-Angebots vorschlagen können, verbunden mit der Drohung, im Falle eines negativen Gesetzgebungsverlaufes den Landtag aufzulösen. Bei einer solchen Interaktionsform hätte die Minderheitsregierung womöglich keinerlei Abstriche von ihrer Idealposition machen müssen, sofern den Oppositionsparteien die Annahme des Gesetzentwurfes attraktiver als die Ablehnung des Gesetzes und die Erzwingung von Neuwahlen erschienen wäre.

5.5.2 Der realisierte Schulkonsens: eine (un-)mögliche Lösung

Der Schulkonsens, den die Regierungsfraktionen SPD und Grüne mit der CDU ausgehandelt haben, ist im Grunde schnell erzählt und klingt nach einem Kompromiss, bei dem sich zwei Verhandlungsteilnehmer – die Regierungskoalition sei hier als unitarischer Akteur aufgefasst – in der Mitte trafen. Bereits die einleitende Formulierung des Entschließungsantrages vom 20. Juli 2011, in dem die drei beteiligten Fraktionen die Grundlagen des Schulkonsenses darlegten, atmet den Geist des Kompromisses von SPD, Grünen und Union: „Um der Vielfalt der Schülerinnen und Schüler, ihren Talenten und Begabungen gerecht zu werden, muss die individuelle Förderung als pädagogisches Grundprinzip im Unterricht systematisch verankert werden [...], die (soziale) Herkunft darf dabei keine Rolle spielen." Die Schnittmenge der beteiligten Parteien sah demnach eine „Sekundarschule" vor, die die Jahrgänge fünf bis zehn umfasste (Sekundarstufe I) und in den Klassen fünf und sechs gemeinsamen Unterricht für alle Schülerinnen und Schüler nach gymnasialen Standards anbot. Die jeweiligen Schulträger sollten sodann entscheiden, ob der Unterricht ab Klasse sieben integriert, nach Bildungsgängen getrennt oder teilintegriert gegeben würde; insofern entspricht dieser Konsens bis zu dieser Stelle der Idealposition von SPD und Grünen. Die Sekundarschule sollte so unter anderem auf die berufliche Ausbildung vorbereiten und daher die Aufgaben von Haupt- und Realschulen übernehmen, konnte gleichsam aber auch auf die allgemeine Hochschulreife vorbereiten, ohne jedoch über eine Sekundarstufe II zu verfügen.[27] Die Kompetenzen der Gymnasien und in kleinerer Anzahl der bereits bestehenden Gesamtschulen blieben auf diese Weise unangetastet. Der Verfassungsrang der Hauptschulen wurde gestrichen, die grundsätzliche Gliederung des Schulwesens dagegen konstitutionell gesichert (Art. 8 und 10 NRW-LV); und dadurch, dass die neue Sekundarschule nicht

27 Landtag Nordrhein-Westfalen: Entschließungsantrag der Fraktion der CDU, der Fraktion der SPD und der Fraktion Bündnis 90/Die Grünen, Schulkonsens auf den Weg bringen, 20. Juli 2011, Drucksache 15/2428.

flächendeckend eingeführt werden sollte, sondern durch Entscheidung der einzelnen Kommunen, wurde zugleich einem möglichen Veto der Gesellschaft begegnet.

Ausgehend von den in den Abschnitten zuvor skizzierten Positionen der beteiligten Akteure ist die gefundene Lösung im Schulkonsens wohl die einzig mögliche gewesen. Weder die Regierungsfraktionen noch die CDU wären wohl zu weiteren Zugeständnissen bereit gewesen. Dass es offenkundig nur einen schmalen Korridor gab, in dem sich die Verhandlungsteilnehmer bewegen konnten und der das Ergebnis präjudizierte, spiegelt sich auch im kurzen Zeitraum wider, den die Verhandlungen in Anspruch nahmen. Kaum drei Wochen, nachdem SPD, Grüne und CDU die Verhandlungen aufgenommen hatten, wurde bereits der Entschließungsantrag präsentiert (s.w.u.).

Abb. 3: Keine Änderung des Status Quo möglich

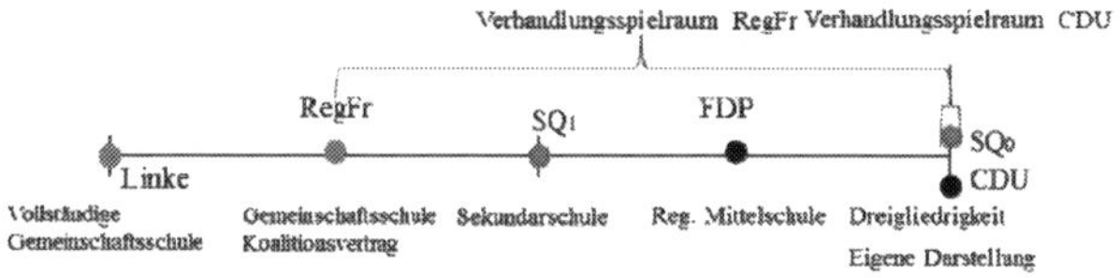

Abbildung 3 zeigt ein räumliches Modell der schulpolitischen Präferenzen der Landesregierung (RegFr), der FDP, die eine regionale Mittelschule bevorzugte, und der Linken, die für die vollständige und flächendeckende Einführung der Gemeinschaftsschule nebst damit einhergehender Abschaffung des gegliederten Schulsystems plädierte. Die CDU besetzte derweil mit ihrer ursprünglichen Forderung, die Dreigliedrigkeit des Schulwesens nicht nur aufrecht zu erhalten, sondern die Hauptschulen darüber hinaus noch zu stärken, zunächst den Status quo vor der Gesetzes- und Verfassungsänderung (SQ0). Es drängt sich hier die Frage auf, weshalb die Christdemokraten zunächst Verhandlungen und dann einem Kompromiss überhaupt zustimmten und damit die Minderheitsregierung maßgeblich unterstützten. Denn wenn zuvor von einer Schnittmenge zwischen den Regierungsfraktionen und CDU gesprochen worden war, so ist dies insofern unzutreffend, als die Union mit ihrer Position, an der Dreigliedrigkeit des Schulsystems festzuhalten, exakt den bildungspolitischen Status quo besetzte und sich für die Union daher auch kein Spielraum hätte ergeben dürfen, in dem sie den Status quo durch ein neues Gesetz näher an der eigenen Idealpräferenz hätte positionieren können. Denn jede Veränderung, auch die beim Schulkonsens erzielte Lösung, hätte der CDU zum Nachteil gereicht, sodass es für die Union eigentlich keine Anreize hätte geben dürfen, von ihrer Idealposition abzuweichen.

Folglich hätte es zu keiner Zeit zu einer Verhandlung zwischen CDU und Minderheitsregierung kommen dürfen, da das einzige *winset* zwischen den Interaktanden bereits den Status quo besetzte, zumal dies noch bedeutete, die politische Konkurrenz zu stützen. Denn die theoretischen Annahmen, die Scharpf gegenüber Kooperationen und Verhandlungen formuliert hat[28], setzen voraus, dass sich beide Verhandlungsteilnehmer Vorteile von der gemeinsamen Interaktion und dem damit verbundenen Ergebnis erwarten. Die entscheidende Frage ist demnach nicht, zu welchem Ergebnis die Interaktionsteilnehmer kamen, sondern durch welche Bestimmungsfaktoren die Interaktion zunächst initiiert und ermöglicht und sodann beeinflusst wurde. Kurzum: Die wesentliche Frage ist nicht, was das genaue Ergebnis ist, sondern wie es zu diesem Ergebnis kam.

5.5.3 Die Aushandlung des Schulkonsenses

Das Beispiel des Schulkonsenses zeigt, dass räumliche Modelle nicht immer dazu geeignet sind, die Wirklichkeit zu erklären. Denn auch wenn nach derartigen Modellen nicht möglich sein sollte, die Veränderungen des bildungspolitischen Status quo zu verändern, ist doch genau dies geschehen. Sowohl die Regierungsfraktionen SPD und Grüne als auch die CDU müssen also Anreize gehabt haben, die diese Änderung des Status quo, d.h. den Schulkonsens, ermöglicht haben, zumal zwischen juristischem Stopp des Schulprojektes und der Einbringung des Entschließungsantrages, der die wesentlichen Punkte des einein-

28 Vgl. Scharpf: Interaktionsformen.

halb Monate später folgenden Gesetzentwurfes vorweggenommen hatte[29], nur wenig Zeit verstrich. Welche Motive, welche Anreize und welche Ziele hatten die am Schulkonsens beteiligten Parteien und vor allem die CDU als Unterstützungspartner der Minderheitsregierung?

Nur wenige Tage nach den Beschlüssen des Münsteraner Oberverwaltungsgerichtes vom 9. Juni 2011 signalisierten sowohl die rot-grünen Regierungsfraktionen als auch die CDU, auf deren Zustimmung die Minderheitsregierung aus bereits angeführten Gründen notwendigerweise angewiesen war, die Bereitschaft zu Gesprächen, zu Kompromissen und von ihren bildungspolitischen Idealpunkten, wie sie während des Wahlkampfes formuliert worden sind, abzuweichen. Grundlage der Verhandlungen war der bisherige Vorschlag der Union, Haupt- und Realschulen zu sogenannten Verbundschulen zusammenzufassen.[30] In einer Novelle des Schulgesetzes durch das rot-grüne Kabinett Steinbrück war bereits im Februar 2005 die Möglichkeit festgehalten worden, dass sich bestehende Hauptschulen um einen Realschulzweig erweitern konnten, damals allerdings gegen die Stimmen von CDU und FDP. Damit sollte die Infrastruktur des Schulwesens an sinkende Schülerzahlen angepasst werden, ohne die Dreigliedrigkeit des Schulsystems zu verändern. Seither haben sich rund dreißig solcher Verbundschulen formiert[31]; und hierauf baute die Position der CDU auf. Bereits im Mai 2011, also einen Monat vor dem Urteil des Oberverwaltungsgerichtes, hatte die Unionsfraktion einen Gesetzentwurf eingebracht, durch den die Gründung von Verbundschulen erleichtert werden sollte.[32] Anders als im Schulkom-

29 Landtag Nordrhein-Westfalen: Gesetzentwurf der Fraktion der CDU, der Fraktion der SPD und der Fraktion Bündnis 90/Die Grünen, Gesetz zur Weiterentwicklung der Schulstruktur in Nordrhein-Westfalen, 6. September 2011, Drucksache 15/2767.

30 Vgl. Dörries, Bernd : Suche nach dem Schulfrieden, in: Süddeutsche Zeitung 134, 11./12./13. Juni 2011, S. 6.

31 Siehe http://www.westfalen-initiative.de/projekte/eigenverantwortung/dezentralisierung/verbundschule.html (17. Januar 2013).

32 Vgl. Landtag Nordrhein-Westfalen: Gesetzentwurf der Fraktion der CDU, Sechstes Gesetz zur Änderung des Schulgesetzes für das Land Nordrhein-Westfalen (6. Schulrechtsänderungsgesetz), 10. Mai 2011, Drucksache 15/1915.

promiss festgehalten, war die Union zu diesem Zeitpunkt noch immer bestrebt, die Dreigliedrigkeit des nordrhein-westfälischen Schulsystems beizubehalten. Und doch änderten die Christdemokraten ihre Position im Zuge der Verhandlungen.

Zwar zogen die Christdemokraten ihr Gesprächsangebot an die Minderheitsregierung zunächst zurück, da sie nicht mit „Kommunisten" verhandeln wollen würden. Neben den Christdemokraten hatte die Minderheitsregierung auch die FDP und die Linke zu Gesprächen über eine Reform der Schulstruktur eingeladen, da sie einen größtmöglichen überparteilichen Konsens erreichen wollte[33]; dadurch hatte die erste schulpolitische Verhandlungsrunde am Abend des 24. Juni 2011 noch ohne die CDU stattgefunden.[34] Doch bald darauf signalisierte die Union ihre Kompromissbereitschaft erneut, sodass Anfang Juli tatsächlich Verhandlungsrunden zwischen Minderheitskabinett und der CDU, von der Rot-Grün gesagt hatte, sie wolle keinen Schulkompromiss ohne die Union, begonnen wurden.[35] Anfang Juli 2011 nahmen SPD, Grüne und CDU Gespräche über einen Kompromiss auf, die rund drei Wochen später mit der Formulierung eines Entschließungsantrages erfolgreich abgeschlossen wurden. Wie ist es nun dazu gekommen, dass die Union anbot, ihren Standpunkt aufzugeben, obwohl dieser doch den derzeitigen Status quo besetzte?

Mehrere Gründe, oder genauer: Zwangslagen führten dazu, dass die nordrhein-westfälische CDU letztendlich kaum eine andere Alternative hatte, als sich auf einen schulpolitischen Konsens mit der Minderheitsregierung einzulassen. Nicht nur in den Reihen der Union in Nordrhein-Westfalen wurde zu dieser Zeit über Bestand und Zukunftsperspektiven der Hauptschulen in Deutschland diskutiert, sondern auch auf Bundesebene der Partei. Während dort aber insbesondere die Parteiführung sich wegen des zunehmenden Schülermangels für die Abschaffung der Hauptschule einsetzte, verwehrten sich die

---

33 Vgl. Berger, Peter: Streit um Schulkonsensgespräch, in: Frankfurter Allgemeine Zeitung 142, 21. Juni 2011, S. 4.

34 Berger, Peter: Rot-Grün in Düsseldorf sucht Konsens mit CDU, in: Frankfurter Allgemeine Zeitung 146, 27. Juni 2011, S. 4.

35 Berger, Peter: CDU bietet Schulgespräche an, in: Frankfurter Allgemeine Zeitung 151, 2. Juli 2011, S. 7.

Landesverbände gegen diese Pläne – zum Teil aus Furcht, in der Bildungspolitik Gesetzgebungskompetenzen zu verlieren, zum Teil aus einer politischen Ideologie heraus, in der nach wie vor eine Dreigliedrigkeit im Schulwesen präferiert wurde. In der CDU wurde sich darauf geeinigt, dass in Zukunft Haupt- und Realschulen zu sogenannten „Oberschulen" zusammengefasst und neben den Gymnasien bis 2020 als zweite Säule eingeführt werden sollten.[36] Indem sich die Partei vom grundsätzlichen Festhalten an der Dreigliedrigkeit des Schulwesens – üblicherweise ein Markenzeichen der Union – lossagte, änderten sich aus Sicht der nordrhein-westfälischen CDU die schulpolitischen Rahmenbedingungen fundamental.

Ausschlaggebend für die Debatten und den abschließenden Positionswandel der Christdemokraten waren sinkende Schülerzahlen und vor allem neue Tendenzen in der Nachfrage nach den verschiedenen Schulformen. Die Schülerzahlen gingen im Bundesgebiet immer weiter zurück und immer weniger Schülerinnen und Schüler besuchten die Hauptschule als weiterführende Schulform. Diese Entwicklungen machten sich auch in Nordrhein-Westfalen bemerkbar. Tatsächlich war die Zahl der Schülerinnen und Schüler an allgemein bildenden Schulen in Nordrhein-Westfalen von 1970 bis 2010 um 335.444 Schüler (13,5 Prozent) gesunken und durch den demografischen Wandel wurde die Zahl in den nächsten zwanzig Jahren voraussichtlich noch einmal um rund 370.000 Schülerinnen und Schüler (17,1 Prozent) schrumpfen. Darüber hinaus bestand seit einiger Zeit eine starke Tendenz von Eltern, ihre Kinder mehr und mehr auf Gymnasien zu schicken: War im Schuljahr 1970/71 noch jedes zweite Kind nach der Grundschule auf eine Hauptschule (bzw. damals noch Volksschule genannt) gewechselt, traf dies 2010/11 nur noch auf etwas mehr als zehn Prozent zu. Demgegenüber verzeichneten Gesamtschulen und Gymnasien besonders hohe Zuwächse: erstere von 1,2 auf fast zwanzig Pro-

36 Vgl. Dill, Benita/Fuhrin, Katharina/Pfister, René: Grünes Lob, schwarzer Frust, in: Der Spiegel 27, 4.7.2011, S. 40-41; Schmoll, Heike: CDU sieht Zwei-Säulen-Modell spätestens 2020 verwirklicht, in: Frankfurter Allgemeine Zeitung 147, 28. Juni 2011, S. 1-2.

zent, bei Gymnasien von 23,5 Prozent auf 39,5 Prozent.[37] Durch die skizzierten Veränderungen im nordrhein-westfälischen Schulwesen lief der Verfassungsschutz der Hauptschulen, der einer Zeit entstammte, da die Volksschulen noch die bildenden Schulen der breiten Gesellschaftsmehrheit waren, mehr und mehr ins Leere: Eine Schulform, die in der Öffentlichkeit als immer weniger attraktiv wahrgenommen wurde, bedurfte keines konstitutionellen Schutzes mehr.

Durch sinkende Schülerzahlen aber war die CDU vor allem auf Druck der lokalen Basis gezwungen, von ihrem ursprünglichen Standpunkt, die Dreigliedrigkeit des Schulsystems in ihrer bisherigen Form beizubehalten, abzurücken. Und selbst wenn die Union an der Dreigliedrigkeit festhalten wollte, besaßen Hauptschulen vielerorts kaum mehr Perspektiven. Es war denn auch die kommunale Basis – deren Städte, Dörfer und Gemeinden zunehmend mit dem Problem zu kämpfen hatten, dass die Zahlen der Schülerinnen und Schüler verstärkt schrumpften –, die Druck machte, das Schulwesen in seiner Struktur zu reformieren. In sechs von 17 Standorten, in denen die versuchsweise Einrichtung einer Gemeinschaftsschule genehmigt worden war und von denen zwölf realisiert wurden, stellte die CDU den Bürgermeister – die SPD hingegen nur in fünf; dazu war eine Gemeinschaftsschule als gemeinsamer Standort zweier Städte geplant, von denen eine CDU-geführt war und die andere (wie alle übrigen dieser Städte und Gemeinden mit parteilosem Bürgermeister) eine christdemokratische Mehrheit im Stadt- bzw. Gemeinderat hatte. Auf kommunaler Ebene konnte also in keiner Weise davon die Rede sein, die Gemeinschaftsschule sei ein durchweg rot-grünes Projekt. Und dies sollte sich denn auch als jenes Momentum herausstellen, das bei der Entscheidungsfindung im Schulkonsens eine entscheidende Rolle spielte. Denn daraus folgte der dritte Bestimmungsfaktor, der die Union zur Kooperation zwang.

Im Feld der Schulpolitik, in dem sich die Versuche nach einer Schulstrukturreform bewegten, schienen die Rollen klar verteilt

37 Landtag Nordrhein-Westfalen: Gesetzentwurf der Fraktion der CDU, der Fraktion der SPD und der Fraktion Bündnis 90/Die Grünen, Gesetz zur Weiterentwicklung der Schulstruktur in Nordrhein-Westfalen, 6. September 2011, Drucksache 15/2767, S. 17.

zu sein – und damit auch die Verhandlungspositionen. Denn es war schließlich die Union, die einem Kompromiss zustimmen, aber auch jeder Reform mit ihrem Veto einen Riegel vorschieben konnte. Sie war, der Notwendigkeit einer Verfassungsreform wegen, der einzige Verhandlungspartner der Minderheitsregierung, sie besaß insofern als Vetomacht ein Monopol und sie hätte die Verhandlung in jedweder Weise diktieren und blockieren können. Bei genauerem Hinsehen jedoch waren die Machtpositionen weit weniger ungleich verteilt und die CDU tat gut daran, sich auf Verhandlungen einzulassen. Denn hätte die Union jede Reform verhindert und sich auf ein *blame game* mit der Minderheitsregierung eingelassen, sie hätte es möglicherweise verloren. Denn in der öffentlichen Wahrnehmung wäre die Minderheitsregierung als Reformer in einem besseren Licht und die Christdemokraten als ideologische Blockierer erschienen. Hätte die Führung der Landes-CDU stattdessen weiterhin an Hauptschulen und der Dreigliedrigkeit festgehalten, sie hätte sich den Ärger der eigenen Parteibasis, aber auch der betroffenen Kommunen zugezogen. Die Christdemokraten waren demnach gezwungen, ihren Idealpunkt, mit dem sie gleichsam den Status quo besetzten, aufzugeben. Da die Union alles in allem kaum die Alternative hatte, Verhandlungen und einen Schulkonsens zu blockieren, musste sie ihren übrigen programmatischen Inhalten folgen: Festhalten an einem grundsätzlich gegliederten Schulsystem, gleichwohl ohne den konstitutionellen Schutz der Hauptschulen und vor allem in Form eines Zwei-Säulen-Modells nebst dem Schutz der Gymnasien.[38]

Die Position der Christdemokraten befand sich demnach in einem Spannungsfeld aus der ursprünglichen Idealposition und bildungspolitischem Pragmatismus, der vor allem durch die kommunale Basis erzwungen wurde. Die rot-grüne Minderheitsregierung konnte also in ihrem Bestreben, die Schulstruktur zu reformieren, auf die Kooperationsbereitschaft der Christdemokraten vertrauen – wenngleich auch sie ihre Idealvorstellung der Gemeinschaftsschule aufgegeben musste und manche in den Reihen der Landes-CDU Vorbehalte gegen eine Koopera-

---

38 Berger, Peter: Ernste Krise, in: Frankfurter Allgemeine Zeitung 145, 25. Juni 2011, S. 10.

tion mit der Minderheitsregierung hatten, da hierdurch eine zentrale Konfliktlinie aufgeweicht würde.[39] Wenn also in der Einleitung vorliegender Studie das Fallbeispiel des Schulkompromisses als Möglichkeit einer Minderheitsregierung dargestellt wurde, den Mehrheitsverhältnissen mit Konsensfindung zu begegnen, dann ist dies in diesem Falle erst durch die Spezifika des nordrhein-westfälischen Schulwesens ermöglicht worden. Denn erst durch die gesellschaftliche Ablehnung der Hauptschule sah sich die Landes-CDU gezwungen, ihren ursprünglichen Standort aufzugeben. Hierdurch erst eröffneten sich für die Interaktionsteilnehmer SPD, Grüne und CDU Verhandlungsspielräume und Schnittmengen und erst hierdurch wurde der Schulkonsens ermöglicht.

Die Minderheitsregierung wusste um diese Gemengelage und konnte auf die Kompromissbereitschaft der Union hoffen. Gleichzeitig wusste sie, dass sie sich mit dem Zeitpunkt, an dem sie in Verhandlungen mit den Christdemokraten eintreten würde, vom Ziel der Einführung der Gemeinschaftsschule in großem Maße würde verabschieden und ebenfalls zu Zugeständnissen bereit sein müssen. Während der Verhandlungen zum Schulkonsens mussten also alle beteiligten Akteure von ihren idealen Präferenzen abweichen. Beide Lager – Regierungsfraktionen und Christdemokraten – waren gefordert, die notwendigen Zugeständnisse mit dem Schulfrieden als erzielte Lösung zu überdecken, da politischer Wettbewerb in demokratischen Systemen immer auch vor dem Hintergrund der Kopplung von Akteuren, politischen Entscheidungen und dem Elektorat erfolgt, eigene Erfolge auch entsprechend kommuniziert werden müssen. Und erinnert man sich noch einmal an die theoretischen Bedingungen für erfolgreiche Verhandlungen in Sachentscheidungen, dann muss das realisierte Ergebnis Vorteile für alle beteiligten Interaktanden geben, andernfalls hätten sie kein Interesse an einer Änderung des bisherigen Status quo haben dürfen. Ein Kompromiss wäre in diesem Falle kaum möglich gewesen.

Wie an anderer Stelle bereits ausgeführt worden ist, stellt der von den Regierungsfraktionen und der CDU gefundene Schul-

39 Vgl. Dörries: Suche nach dem Schulfrieden.

konsens eine Lösung dar, mit der beide Seiten gut leben konnten. Und wenngleich beide Lager ihre ursprünglichen Idealpositionen aufgaben und dies mithin zwangsweise auch mussten, bot der erzielte Kompromiss dennoch ausreichend Potenzial, um die nötige positive Resonanz bei der eigenen Wählerschaft zu erzielen. Es ist dies ein weiterer Grund, weshalb der Konsens, auf den sich SPD, Grüne und Christdemokraten geeinigt hatten, in dieser Form überhaupt möglich wurde. Die CDU vermochte für sich zu beanspruchen, das gegliederte Schulsystem grundsätzlich und sogar mit Verfassungsrang, die Existenz und die Rechte der Gymnasien bewahrt und die flächendeckende und umfassende Einführung einer Gemeinschaftsschule, gegen die die Christdemokraten während des Landtagswahlkampfes 2010 als „Einheitsschule" polemisiert hatten, verhindert zu haben.

Für die Regierungsfraktionen des Minderheitskabinettes auf der anderen Seite bedeutete der gefundene Kompromiss erstens, in genereller Hinsicht Handlungsfähigkeit demonstriert zu haben – nachdem bereits zweimal zentrale Vorhaben der Minderheitsregierung richterlich gestoppt worden waren und nachdem sie während des Gesetzgebungsprozesses zur Rettung der WestLB erstens ein Debakel erlebt hatten, als der Landtag dem Gesetzentwurf der Regierung die Zustimmung versagte und zweitens für einen Eklat gesorgt hatten, indem sie mit der parlamentarischen Tradition des *„Pairings"* gebrochen hatten. Zweitens konnten sich SPD und Grüne auf ihr Konto schreiben, bestehende Ungleichheiten im Schulsystem durch die Einführung der Sekundarschule zumindest abgemildert zu haben. Zudem entsprach die Sekundarschule in großen Teilen jenem Konzept der Gemeinschaftsschule, wie SPD und Grüne sie im Koalitionsvertrag festgehalten hatten. Auch dort war die Möglichkeit vereinbart worden, nach der Klasse 7 zu entscheiden, ob weiterhin integrativ oder nach Schulformen getrennt unterrichtet werden sollte.

Und die anderen beiden Oppositionsparteien? Sowohl FDP als auch Linke stimmten im Landtag bemerkenswerterweise gegen den Entwurf von Regierungsfraktionen und Union, obwohl der beschlossene Entwurf der „Sekundarschule" durchaus einige Gemeinsamkeiten mit der von der FDP im Wahlprogramm konzipierten „regionalen Mittelschule" aufwies. Diese aber, und das wurde von der FDP hervorgehoben, führte die bestehende Differenzierung des Schulwesens innerhalb der „regionalen Mittelschule" fort. Und da mit dem Schulkonsens von SPD, Grünen und CDU der neue Status quo sich der Idealposition der Linkspartei zumindest ein Stück weit näherte, hätte auch diese insofern einige Gründe haben können, für den eingebrachten Gesetzentwurf zu stimmen – zumal die Linke ihre privilegierte Beziehung zur Minderheitsregierung, bei der sie das Minderheitskabinett zuvor in wesentlichen Entscheidungen (Ministerpräsidentinnenwahl, Haushalte, Abschaffung der Studiengebühren und dergleichen mehr) unterstützt hatte, verloren hatte. Während aber der einen Partei der Kompromiss zu weit ging, ging er für die andere Partei nicht weit genug.

Die FDP formulierte während des Gesetzgebungsprozesses eine Reihe von Vorbehalten gegen die Einführung der Sekundarschule. Die gewichtigsten Gründe hierfür dürften sein, dass die Liberalen in der Einführung der Sekundarschule nicht nur die Reaktion auf sinkende Schülerzahlen sahen, sondern vielmehr einen kleinen, aber wichtigen Schritt in Richtung Gemeinschaftsschule.[40] Zudem würde die Sekundarschule, da sie ebenso auf das Abitur vorbereiten könne, erstens die bestehenden gymnasialen Standards und zweitens die grundsätzliche Existenz der Gymnasien in ländlichen Räumen gefährden, so kritisierte die liberale Abgeordnete Ingrid Pieper v. Heiden in der ersten Lesung.[41] Die Linkspartei kritisierte dagegen insbesondere die Regierungskoalition, die sich von ihrem ursprünglichen Vorhaben, die Einführung der Gemeinschaftsschule, mit dem realisierten Schulkompromiss verabschiedet habe. Die konstitutionelle Sicherung eines gegliederten Schulwesens als Bestandteil des Kompromisses – und damit das grundsätzliche Festhalten an einem solchen Schulsystem – sei bildungspolitischer „Irrsinn", sagte Bärbel Breuermann, Abgeordnete der Linkspartei, in der gleichen Sitzung.[42]

---

40 Vgl. Landtag Nordrhein-Westfalen: Ausschuss für Schule und Weiterbildung, Sitzung vom 12. Oktober 2011, Ausschussprotokoll 15/300.

41 Landtag Nordrhein-Westfalen: 41. Plenarsitzung, 9. September 2011, Plenarprotokoll 15/41, S. 4094-4095

42 Ebd., S. 4095-4097.

6. Unilaterale Entscheidungsfindung und Agendasetzermacht: Haushaltsgesetz 2011

6.1 Unilaterale Entscheidungsfindung und Interaktionsformen

Haushaltsgesetze haben eine zentrale Bedeutung in jeder Legislaturperiode: Denn sie stellen die politische Agenda der Regierung dar und legen deren Prioritäten offen. Da zur Umsetzung finanzwirksamer politischer Vorhaben ihre Verankerung im Haushaltsgesetz notwendig ist, wären einer Regierung ohne eine erfolgreiche Haushaltsgesetzgebung weitgehend die Hände gebunden. Die Haushaltsgesetzgebung gilt daher mithin als Königsrecht eines Parlamentes und dient der Opposition oftmals zur Generalabrechnung mit der Regierung. Aus diesem Grund ist die Verabschiedung eines Haushaltsplans auch eine der konfliktträchtigsten Phasen in einer Legislaturperiode, vergleichbar mit der Wahl des Regierungschefs. Und da sich durch diese besondere Bedeutung der Haushaltsgesetzgebung der Interaktionsmodus zwischen den politischen Akteuren, ihre informellen Verfahrensregeln und Verhaltensmuster, in diesem Politikfeld von anderen Politikfeldern maßgeblich unterscheidet, kann die Haushaltsgesetzgebung nicht unmittelbar auf andere Politikfelder und Gesetzgebungsprozesse übertragen werden.[1]

Da Haushaltsgesetzgebungen neben der Wahl des Regierungschefs die konfrontativsten Phasen einer Legislaturperiode sind, ist zunächst kaum mit einer Kooperation zwischen Regierung und Opposition zu rechnen. Folglich ist eine Minderheitsregierung vor allem zu einseitigem Handeln gezwungen. Das Spiel zwischen den Akteuren verbleibt oftmals unsicher und öf-

---

1 Vgl. Kropp: Regieren in Koalitionen., S. 202-203.

fentliche Ankündigungen über die Verhaltensweise eines Akteurs können sich lediglich als cheap talk herausstellen. Eine Minderheitsregierung als dominanter Akteur – während der Haushaltsgesetzgebung nimmt sie üblicherweise die Rolle des Agendasetzers ein – muss das Verhalten der anderen Akteure antizipieren und gegebenenfalls ihren eigenen Lösungsvorschlag an den Präferenzen der anderen Akteure ausrichten, um Mehrheiten zu erzielen. Anders als im Falle des Schulkonsenses, dessen Umsetzung das Resultat konsensualer Verhandlungen zwischen Regierung und der Union war, wird die Haushaltsgesetzgebung, vor allem wenn sie von einer Minderheitsregierung geleitet wird, zu einem nicht-kooperativen, sehr konfrontativen Spiel, das erwartungsgemäß von zahlreichen Unwägbarkeiten und Risiken bestimmt ist.[2] So wurde denn auch die Verabschiedung des ersten Haushaltsgesetzes als „Lackmustest“ für die Handlungsfähigkeit der rot-grünen Minderheitsregierung bezeichnet.[3]

Anders als im vorangegangenen Beispiel der Schulpolitik ist die Haushaltsgesetzgebung ein politisches Spiel, das institutionell zumeist kaum strukturiert ist. Durch die schulpolitischen Spezifika war vorbestimmt, dass sich Regierung und CDU einigen mussten. Haushaltspläne werden dagegen mit einfacher Mehrheit verabschiedet, sodass für eine Minderheitsregierung zunächst grundsätzlich alle drei Oppositionsparteien potenzielle Kooperationspartner darstellen. Da institutionell keine oppositionelle Partei vom politischen Spiel ausgeschlossen bzw. keine Akteurkonstellation vorbestimmt ist, wie es etwa die notwendige Zweidrittel-Mehrheit im Falle von Verfassungsänderungen bewirken würde, muss auf der Gegenseite jede Oppositionspartei für sich entscheiden, wie sie sich in diesem besonderen politischen Spiel verhalten soll: Ob sie also die Minderheitsregierung unterstützt und so den Haushaltsentwurf im Landtag passieren lässt; ob sie ihr mögliches Veto, das potenzielle Scheitern des Haushaltes und damit auch der Regierung nutzt, um ihre Verhandlungsposition zu verbessern, um der Regierung weitere Zugeständnisse abzuverlangen und erst anschließend

2 Vgl. Scharpf: Interaktionsformen, S. 166-181.

3 Vgl. Klecha: Minderheitsregierungen in Deutschland, S. 161.

für den Haushalt zu stimmen; oder ob sie den Gesetzentwurf der Minderheitsregierung blockiert. Je nach den eigenen politischen Idealpräferenzen, aber auch abhängig von anderen Ressourcen, vor allem den Zustimmungswerten einer Partei in Bevölkerungsumfragen, ergibt sich daraus für jeden Akteur eine eigene Handlungspräferenz für die haushaltspolitische Interaktion zwischen Minderheitsregierung und Opposition.

Im Vergleich zu Akteurkonstellationen, in denen sich nur zwei oder drei Teilnehmer einigen müssen, ist diese Konstellation zunächst deutlich komplexer als Konstellationen, in denen nur zwei oder drei Akteure am politischen Spiel teilnehmen und sich einigen müssen. Und es ist fraglich, ob die typischerweise konfrontative und konfliktorische Haushaltspolitik einfacher oder komplexer ist als Kooperationssituationen, in denen die beteiligten Akteure in Verhandlungen zwar zunächst auf einen Nenner kommen müssen, sich dann aber sicher sein können, dass im Falle eines erfolgreichen Verhandlungsabschlusses sich auch alle Akteure an das Ergebnis halten. In der Haushaltspolitik findet eine solche Kooperation kaum statt, sodass sich zwar relativ schnell die Zahl der Akteure, die an einem gemeinsamen Ergebnis interessiert sind, reduziert; denn es ist ja nur selten der Fall, dass in einem solch wichtigen Moment alle Parteien bereit sind, eine Minderheitsregierung zu stützen. Dies aber hat den Nachteil, dass eine Minderheitsregierung mithin über weniger Gewissheit bezüglich des Verhaltens der anderen Interaktionsteilnehmer und somit auch der (Nicht-)Realisierung eines Gesetzesvorhabens verfügt.

Zu Beginn der Haushaltsgesetzgebung 2011 waren somit vier Akteure am politischen Spiel beteiligt: die Regierung sowie CDU, FDP und Linke. Dabei standen SPD und Grüne vor der Herausforderung, sich als Regierungsfraktionen mit einer weiteren Partei aus der Opposition spätestens in zweiter Lesung zu einigen, ohne dass es im Vorfeld kooperative Verhandlungen gegeben hatte.[4] Und dennoch musste, und dies ohne formelle Kooperation, ein Ergebnis erzielt werden, bei dem keiner der

4 Die Gründe, weshalb schon in zweiter und nicht erst in dritter Lesung eine Einigung notwendig war, werden in Kap. 6 dargelegt. Die Nichtkenntnis dieser Gründe seitens der Parteien führte dann auch zum Scheitern der Minderheitsregierung.

beteiligten Interaktionspartner als Verlierer dastehen würde. Im Falle des Haushaltes 2011 war dies die Linkspartei. Es muss also nach den Präferenzen dieser vier Akteure gefragt werden: Welche Gründe führten dazu, dass die Linke für den Haushalt stimmte und CDU und FDP dagegen votierten?

Minderheitsregierungen sind stets mit der Gefahr des Scheiterns konfrontiert; die Statistiken hierzu wurden bereits in der Einleitung vorliegender Studie dargelegt. Das bedeutet, dass eine Legislaturperiode mit einer amtierenden Minderheitsregierung untrennbar mit der Möglichkeit vorzeitiger Neuwahlen verbunden ist. Für die Stabilität einer Minderheitsregierung und die Handlungsressourcen der Opposition spielen daher Umfragewerte eine herausragende Rolle. Ist die Reputation der Oppositionsparteien in solchen Umfragen schlecht, können sie nur wenig Interesse daran haben, durch konfrontatives Verhalten einem Minderheitskabinett gegenüber Neuwahlen zu provozieren. Dies gilt vor allem auch in Phasen der Haushaltsgesetzgebung, da ein aus Sicht der Minderheitsregierung negativer Verlauf der Etatgesetzgebung ihnen die Handlungsgrundlage entziehen und damit oftmals Neuwahlen herbeiführen würde. Das lenkt den Blick auf die kleineren Oppositionsparteien FDP und Linke, die die gesamte Legislaturperiode über in Umfragen um die Fünfprozenthürde herum schwankten, am Ende sogar deutlich darunter lagen. Sie konnten demnach kaum Anreize haben, dass die Haushaltsgesetzgebung und damit die Minderheitsregierung an sich scheiterten, drohten sie doch bei Neuwahlen den Wiedereinzug in den nordrhein-westfälischen Landtag zu verpassen. Und die Landesregierung nebst ihren Regierungsfraktionen SPD und Grüne mussten zwangsläufig bestrebt sein, ihren Haushaltsplan durchs Parlament zu bekommen, um sich im Amt zu halten. Aber auch bei ihnen spielten die Umfragen eine entscheidende Rolle: Je besser sie in Bevölkerungsumfragen dastanden und je schlechter die Opposition abschnitt, desto eher konnte eine Minderheitsregierung zu riskantem Verhalten bereit sein und geringere Zugeständnisse an die Opposition machen.

6.2 Vorbedingungen: der Nachtragshaushalt 2010 und das Urteil des Landesverfassungsgerichtes

Bereits vier Monate, nachdem sich die rot-grüne Minderheitsregierung zunächst eher widerwillig formiert hatte, stand sie vor der ersten großen Hürde in der noch jungen Legislaturperiode. Im Dezember 2010 sollte im Landtag über das Nachtragsgesetz zum Haushaltsplan 2010 abgestimmt werden; letzterer war noch von der schwarz-gelben Vorgängerregierung beschlossen worden. Es war erst das siebte Gesetz, das die rot-grüne Landesregierung in ihrer Legislaturperiode verabschieden würde. Damit war für die Minderheitsregierung bereits frühzeitig ein konfliktorischer Höhepunkt erreicht; und da sie kaum auf Stimmen von Union und FDP hoffen konnte, wie noch zu zeigen sein wird, musste sie zumindest auf die Enthaltung der Abgeordneten der Linken hoffen, damit das Gesetz zum Nachtragshaushalt vom Landtag verabschiedet würde. Dies gelang zwar, doch im März 2011 erklärte das Landesverfassungsgericht Nordrhein-Westfalen den Nachtragshaushalt der rot-grünen Minderheitsregierung für verfassungswidrig. Sowohl die Reaktionen auf das Urteil als auch insbesondere das Verhalten der Linkspartei im Gesetzgebungsprozess sagen viel über die Einschränkungen, aber auch über die Chancen und das Ressourcenpotenzial einer Minderheitsregierung aus.

Der Nachtragshaushalt des rot-grünen Minderheitskabinettes sah vor, die Neuverschuldung, die von CDU und FDP in ihrem Haushaltsgesetz von 2010 auf 6,6 Milliarden Euro veranschlagt worden war, auf insgesamt 8,4 Milliarden Euro zu erhöhen. Damit würde sich das Haushaltsvolumen von ursprünglich 53,1 Milliarden auf 55,8 Milliarden Euro ausdehnen.[5] Größter Einzelposten im Nachtragshaushaltsgesetz von der SPD und den Grünen war die Absicherung der angeschlagenen WestLB; sie beruhte nicht auf tatsächlich anfallenden Kosten, sondern war in der Gesetzesbegründung als Präventionsmaßnahme zu sehen, die „sehr wahrscheinlich" war, da für die „unzweifelhaft

---

5 Landtag Nordrhein-Westfalen: Gesetzentwurf der Landesregierung, Gesetz über die Feststellung eines Nachtrags zum Haushaltsplan des Landes Nordrhein-Westfalen für das Haushaltsjahr 2010, 21. September 2010 Drucksache 15/200.

bestehenden Haushaltsrisiken allerdings keine oder nur unzureichende Vorsorge getroffen wurde"; dem Risikofonds für die WestLB seien daher weitere 1,3 Milliarden Euro aus dem Haushalt zuzuführen.[6] Hinzu kamen vor allem weitere 375 Millionen Euro als Rücklage für zukünftige Haushaltsbelastungen, 300 Millionen Euro zur Entlastung der Kommunalfinanzen sowie kleinere Einzelposten. Damit ist dieser Nachtragshaushalt alles in allem auch als Kritik an der schwarz-gelben Vorgängerregierung zu betrachten, die in den Augen von SPD und Grünen versäumt hatte, genügend Vorsorge für die WestLB zu treffen, und damit die Kommunen insofern belastet hatte, als diesen durch das „Gemeindefinanzierungsgesetz 2007" vom 18. August 2006 ihr Anteil an der Grunderwerbsteuer gestrichen worden war, wodurch nun die rot-grüne Landesregierung zur finanziellen Entlastung der Kommunen Gelder aufzubringen habe. Dass der Nachtragshaushalt als Kritik an der Vorgängerregierung angesehen werden kann, machte Finanzminister Norbert Walter-Borjans (SPD) in seiner Plenarrede während der ersten Lesung denn auch deutlich: „Dieser Nachtragshaushalt korrigiert das, was die Vorgängerregierung verschoben, versteckt oder - sagen wir es freundlich - vergessen hat."[7] Mit an Sicherheit grenzender Wahrscheinlichkeit war davon auszugehen, dass weder CDU noch FDP als Kooperationspartner zur Verabschiedung des Nachtragshaushaltes im Parlament zur Verfügung stehen würden - hätte dies doch ein Eingeständnis eigener Versäumnisse bedeutet.

Somit erschien die Linke als die einzig verbliebene Oppositionspartei, die die Minderheitsregierung würde stützen können. Sie war es denn auch, die mit ihrer Enthaltung im Parlament das Gesetz passieren ließ, um einen Konflikt mit der Minderheitsregierung in diesem prestigeträchtigen Vorhaben und damit das Thema Neuwahlen zu vermeiden, da sie sich in einem solchen Fall des erneuten Parlamentseinzugs nicht sicher sein konnte. Damit befand sich die Linke in einem Dilemma, das jenem aus Kap. 1.7 entspricht: Da CDU und FDP die Minder-

---

6 Vgl. ebd., S. 4-5.

7 Landtag Nordrhein-Westfalen: 9. Plenarsitzung, 29. September 2010, Plenarprotokoll 15/9, S. 550.

heitsregierung nicht stützen würden, musste sie einen Mittelweg finden aus Kritikartikulation – um ihrer Funktion als Oppositionspartei gerecht zu werden – und Tolerierung – um ihre Parlamentsmandate und letztlich auch die eigene Macht, d.h. den oppositionellen Einfluss auf die Gesetzgebung in Minderheitssituationen nicht aufs Spiel zu setzen. Nach außen hin hielt sie bis zuletzt offen, ob sie den Haushalt passieren lassen würde und übte inhaltliche Kritik, demnach der größte Posten des Nachtragshaushaltes der Rettung einer Bank zugutekäme. Zu erwarten war aber vielmehr, dass die Wahrscheinlichkeit, dass die Linke den Nachtragshaushalt tatsächlich blockieren würde, zu jeder Zeit der Gesetzgebung eher gering sein würde.

Zugleich sorgte die Abstimmung zum Nachtragshaushalt im Düsseldorfer Landtag für ein Kuriosum: Zunächst stimmten einige Abgeordnete der Linken versehentlich mit Ja, anstatt sich zu enthalten; zudem reiste der vormalige Ministerpräsident Jürgen Rüttgers (CDU) am Tag der Abstimmung nach Rom zu einem Symposium der Konrad-Adenauer-Stiftung, sodass, weil auch eine weitere CDU-Abgeordnete erkrankt fehlte, die rotgrüne Minderheitsregierung ihr Nachtragshaushaltsgesetz mit absoluter Mehrheit hatte verabschieden können, ohne dass sie der Zustimmung respektive Enthaltung der Linkspartei bedurft hätte.[8]

CDU und FDP würden den Nachtragshaushalt 2010 nicht mittragen – das war erwartet worden; erstens aus inhaltlichen Gründen und zweitens, weil das gegnerische Lager in einer bedeutsamen und konfliktorischen Gesetzgebung nicht unterstützt werden sollte. Stattdessen gingen sie einen anderen Weg, um ihre Kritik am rot-grünen Nachtragshaushalt zu artikulieren: Sie verlegten die Auseinandersetzung von der politischen in die juristische Arena, indem sie vor dem Landesverfassungsgericht gegen den Nachtragshaushalt eine Klage einreichten. Diesen Schritt hatte der Unionsabgeordnete Christian Weisbrich im Haushaltsausschuss frühzeitig angekündigt, als er sagte, die

8 Siehe http://www.sueddeutsche.de/politik/nordrhein-westfalen-ruettgers-raetselhafte-reise-1.1036364 (22. Januar 2013); http://www.sueddeutsche.de/politik/nrw-etat-cdu-und-fdp-klagen-gegen-rekordverschuldung-1.1037205 (22. Januar 2013).

Unionsfraktion werde „dem Nachtrag nicht zustimmen und alle rechtlichen Möglichkeiten ausschöpfen, ihn zu verhindern".[9]

Über die Motive der FDP vor dem Hintergrund ihrer Umfragewerte und ihrer unsicheren Aussichten im Falle von Neuwahlen kann hingegen nur spekuliert werden. Möglicherweise hoffte sie, dass ob der geringen Reichweite und Handlungsgrundlage des Nachtragshaushaltes für die Regierung ein verfassungsrichterliches Veto keinesfalls unausweichlich Neuwahlen provozieren würde. Für den Fall aber, dass es tatsächlich zu einem vorzeitigen Scheitern der Regierung und so zu Neuwahlen kommen würde, könnte die FDP unter Umständen hoffen, durch ihre artikulierte Kritik an der Finanzpolitik der Landesregierung jene Wählerpotenziale anzusprechen, die sich ebenso sehr gegen eine zu hohe Neuverschuldung aussprachen. In diesem Fall würde die FDP ihr *vote-seeking* bedienen.

Art. 83 NRW-LV schrieb den Landesregierungen Nordrhein-Westfalens bezüglich der Haushaltsgesetzgebung vor, dass die Nettokreditaufnahme im vorgestellten Etat das Investitionsvolumen dieses Haushaltsplans überschreiten durfte, es sei denn in Zeiten, da das gesamtwirtschaftliche Gleichgewicht gestört war und die Überschreitung der Kreditobergrenze zur Abwehr dieser Störung dienen würde. Dass das Volumen der Nettokreditaufnahme jenes der Investitionen im Nachtragshaushalt 2010 übersteigen würde, das war auch der Minderheitsregierung bewusst. Es kam deshalb darauf an, plausibel argumentieren zu können, dass das gesamtwirtschaftliche Gleichgewicht, wie es die Landesverfassung als Normalfall für ihre Regelung in Art. 83 vorsah, tatsächlich gestört war. In der Tat aber, so zeigte sich in den ersten drei Monaten des Jahres 2011, war dies der Minderheitsregierung nicht gelungen. Nachdem das Landesverfassungsgericht im Dezember 2010 zunächst den Nachtragshaushalt mit einer einstweiligen Anordnung gestoppt hatte, war ihr in der Hauptverhandlung am 15. Februar nicht gelungen, dem Gericht plausibel erklären zu können, dass der Nachtragshaushalt verfassungskonform sei, weil eine Störung des gesamtwirtschaftlichen Gleichgewichtes vorliege.

---

9 Landtag Nordrhein-Westfalen: Haushalts- und Finanzausschuss, 9. Sitzung, 4. November 2010, Ausschussprotokoll 15/57, S. 15-16.

Dieser Argumentation folgte das Gericht nicht und erklärte in seinem Urteil einen Monat später den Nachtragshaushalt für verfassungswidrig.[10] Erstens sei zweifelhaft, ob eine gesamtwirtschaftliche Störung grundsätzlich vorliege, auch weil im Nachtragshaushalt unerwartete konjunkturbedingte Mehreinnahmen verzeichnet seien; zweitens seien die Posten im Nachtragshaushalt nach Auffassung der Verfassungsrichter nicht dazu geeignet, die Störung des wirtschaftlichen Gleichgewichtes zu beseitigen. Bereits die Verhandlung im Februar hatte auch die Minderheitsregierung intern nicht mehr daran glauben lassen, dass das Landesverfassungsgericht den Nachtragshaushalt 2010 goutieren und für verfassungskonform befinden würde, da bereits aus den richterlichen Nachfragen erkennbar gewesen war, dass die Verfassungsrichter erhebliche Zweifel ob des von der Minderheitsregierung als Hauptargument eingebrachten gesamtwirtschaftlichen Ungleichgewichtes hatten.[11]

6.3 Haushalt 2011

6.3.1 Ausgangslagen

Das Urteil des Landesverfassungsgerichtes traf die Minderheitsregierung empfindlich. Nicht nur, weil es sich in der deutschen Rechtsgeschichte um einen singulären Vorgang handelte, welcher der Reputation einer jedweden Regierung schadete, sondern auch, weil der Spruch der Münsteraner Verfassungsrichter in eine Zeit fiel, da das Minderheitskabinett Kraft sich bereits mit der Ausarbeitung des Etats für das Haushaltsjahr 2011 befasste – der ersten ordentlichen Haushaltsgesetzgebung der Minderheitsregierung. Da freilich zu erwarten war, dass die Richter des Landesverfassungsgerichtes an diesen Haushalt die gleichen Maßstäbe anlegen würden wie an den Nachtragshaushalt 2010, waren die Möglichkeiten der Minderheitsregierung von Beginn an eingeschränkt. Frühzeitig, bereits fünf Tage vor

10 Az: VerfGH 20/10.

11 Siehe http://www.spiegel.de/politik/deutschland/verhandlung-ueber-nachtragsetat-rot-gruener-haushalt-droht-vor-gericht-zu-scheitern-a-745739.html (23. Januar 2013).

der zweiten Lesung am 13. April 2011 und damit rund einen Monat, nachdem das Landesverfassungsgericht den Nachtragshaushalt 2010 für nichtig erklärt hatte, stellten Politiker der Unionsfraktion die Möglichkeit einer neuerlichen Klage vor dem nordrhein-westfälischen Verfassungsgericht in den Raum. Der Abgeordnete Christian Weisbrich etwa sagte im Haushaltsausschuss, das Ziel müsse sein, einen verfassungskonformen Haushalt ins Parlament einzubringen: „Wenn Sie das nicht tun, sind Sie am Ende beratungsresistent. Dann müssen Sie sehen, was alles daraus resultiert."[12] Offen blieb dabei, ob die Union mit ihrer Klage erneut einen Eilantrag an das Gericht verband, um die Verfassungsrichter um eine einstweilige Anordnung zu ersuchen und der Landesregierung bis zum endgültigen Urteil Ausgaben im Rahmen des Haushaltsgesetzes 2011 zu untersagen. Wäre einem solchen Antrag stattgegeben worden, wäre der rot-grünen Landesregierung die Geschäfts- und Handlungsgrundlage entzogen worden.

Die rot-grüne Minderheitsregierung sah sich somit Anfang 2011 einem haushaltspolitischen Dilemma gegenüber: Der Opposition war gelungen, mit dem Landesverfassungsgericht eine weitere Vetomacht ins politische Spiel einzuführen, die das Handlungspotenzial des Kabinetts Kraft erheblich einschränkte. Da sie weiterhin nicht auf legislative Unterstützung durch CDU und FDP hoffen konnte, musste sie vor allem mit der Linkspartei kooperieren respektive darauf hoffen, dass sich die Linke im Plenum mindestens enthalten würde. Auch wenn nach dem Scheitern des Nachtragshaushaltes die Regierung im Amt blieb, es zu keiner Parlamentsauflösung und zu keiner Neuwahl gekommen war, hatte die rot-grüne Minderheitsregierung aber noch immer einen verfassungskonformen Haushalt vorzulegen. Auch ohne den Nachtragshaushalt war die Minderheitsregierung handlungsfähig geblieben, eine Neuwahl wäre eher auf Prestigeverlust zurückzuführen gewesen. Anders aber war die Sachlage für einen ordentlichen Haushaltsplan, bei dem es sich nicht bloß um die Ergänzung eines bereits verabschiedeten Haushaltsgesetzes handelte, sondern um ein notwendiges Ge-

---

12 Landtag Nordrhein-Westfalen: Haushalts- und Finanzausschuss, 25. Sitzung, 8. April 2011, Ausschussprotokoll 15/185, S. 31.

setz, das sich auf ein volles Haushaltsjahr bezog und für dieses die Handlungsgrundlage der Regierung darstellte. Ohne dieses Gesetz wäre die Minderheitsregierung handlungsunfähig. Um aber einen konformen Haushalt vorlegen zu können, bei dem die Nettokreditaufnahme das Investitionsvolumen nicht überschritt, hätte sie ihren Etatplan für das Haushaltsjahr 2011 (siehe dazu im Detail weiter unten) noch einmal um drei bis vier Milliarden Euro kürzen müssen. Das aber hätte Einsparungen in einem Ausmaß verlangt, das die Linkspartei kaum würde mittragen können. Alternativ konnte diese versuchen, die zu hohe Neuverschuldung mit einer Störung des wirtschaftlichen Gleichgewichtes zu begründen, mit jener Argumentation also, mit der die Minderheitsregierung Anfang des Jahres mit ihrem Nachtragshaushalt 2010 vor dem Landesverfassungsgericht gescheitert war.[13]

6.3.2 Haushalt 2011: Gesetzgebung und Agendasetzermacht

Am 15. Februar 2012, demselben Tag, an dem die Verhandlung über den Nachtragshaushalt vor dem Landesverfassungsgericht stattgefunden hatte, reichte die rot-grüne Minderheitsregierung ihren Gesetzentwurf für den Haushaltsplan 2011 ein.[14] Er sah ein Haushaltsvolumen von 56 Milliarden Euro vor und plante zunächst eine Neuverschuldung in Höhe von 7,1 Milliarden Euro ein. Dieser Betrag wurde um 200 Millionen Euro gesenkt, womit jedoch der verfassungsmäßige Kreditoberrahmen noch immer um mehr als drei Milliarden Euro überschritten wurde und sich die Landesregierung in jenem oben beschriebenen Di-

13 Siehe http://www.sueddeutsche.de/politik/nrw-neuwahlen-wahrscheinlich-der-waehler-soll-es-richten-1.1069042 (22. Januar 2013); http://www.spiegel.de/politik/deutschland/finanzfund-im-nrw-haushalt-der-geldsegen-von-duesseldorf-a-751494.html (22. Januar 2013).

14 Landtag Nordrhein-Westfalen: Gesetzentwurf der Landesregierung, Gesetz über die Feststellung des Haushaltsplans des Landes Nordrhein-Westfalens für das Haushaltsjahr 2011, 15. Februar 2011, Drucksache 15/1000; Landtag Nordrhein-Westfalen: Ergänzung der Landesregierung zu dem Gesetzentwurf der Landesregierung Drucksache 15/1000, 15. Februar 2011, Drucksache 15/1300.

lemma befand, entweder einen verfassungskonformen Haushalt vorzulegen, ohne dabei die Linkspartei mit als unsozial empfundenen Kürzungen zu verschrecken, oder erneut darauf hoffen zu müssen, dass das Landesverfassungsgericht den Haushalt 2011 als Maßnahme dafür ansehen würde, einer gesamtwirtschaftlichen Störung begegnen zu können.[15] So wurde am 18. Mai 2011 ein Haushaltsgesetz beschlossen, das die Landesregierung nur noch zu einer Kreditaufnahme von maximal 4,9 Milliarden Euro ermächtigte und folglich mit einer im Vergleich zum Gesetzentwurf um zwei Milliarden geringeren Neuverschuldung kalkulierte, damit aber noch immer die verfassungsrechtliche Obergrenze zur Kreditaufnahme um rund 900 Millionen Euro überstieg.[16]

Diese Senkung der Neuverschuldung war im Wesentlichen durch das Urteil des Landesverfassungsgerichtes zum Nachtragshaushalt 2010 bedingt und finanzierte sich vor allem durch Steuermehreinnahmen, mit denen zunächst nicht gerechnet worden war. Bereits Anfang April war mit einer Nettokreditaufnahme von maximal 4,9 Milliarden Euro anstelle der zunächst veranschlagten 7,1 Milliarden Euro kalkuliert worden.[17] Die rot-grüne Minderheitsregierung verfolgte demnach erneut die Strategie, mit einer Störung des gesamtwirtschaftlichen Gleichgewichtes zu argumentieren, wie es Finanzminister Norbert Walter-Borjans in seiner Plenarrede deutlich machte: Vor dem Hintergrund des historischen Wirtschaftseinbruches 2009 mit einer Rezession von fast sechs Prozent könne noch nicht von einem wirtschaftlichen Gleichgewicht gesprochen werden, auch wenn die Wirtschaft Deutschlands und Nord-

---

15 Siehe http://www.spiegel.de/politik/deutschland/finanzfund-im-nrw-haushalt-der-geldsegen-von-duesseldorf-a-751494.html (29. Januar 2013).

16 Sieh http://www.derwesten.de/nachrichten/nrw-landtag-beschliesst-rot-gruenen-haushalt-2011-id4663503.html (29. Januar 2013). Tatsächlich sah der ursprüngliche Gesetzentwurf sogar eine Neuverschuldung von 7,9 Milliarden Euro vor (Drucksache 15/1000), dieser Betrag wurde aber mit einer Gesetzergänzung (15/1300) noch am gleichen Tag auf zunächst 7,1 Milliarden Euro gesenkt.

17 Landtag Nordrhein-Westfalen: Haushalts- und Finanzausschuss, 25. Sitzung, 8. April 2011, Ausschussprotokoll 15/185.

rhein-Westfalens in den Folgejahren wieder gewachsen sei. Das Vorkrisenniveau sei noch nicht wieder erreicht.[18]

Zwei der drei Oppositionsparteien, so sah es während der Haushaltsgesetzgebung 2011 aus, würden im Landtag gegen den Haushaltsplan stimmen: Die CDU hatte bereits im Vorfeld angekündigt, erneut das Landesverfassungsgericht anzurufen, und reichte zwei Monate nach Verabschiedung des Haushaltes 2011 tatsächlich Klage ein. Oft hatte sie Ministerpräsidentin Hannelore Kraft als „Schuldenkönigin" bezeichnet und ihre Haushaltspolitik kritisiert, so etwa Karl-Josef Laumann, Vorsitzender der Unionsfraktion, in erster Lesung.[19] Dass die Union aus inhaltlichen und finanzpolitischen Erwägungen heraus gegen den Haushaltsplan votieren würde, war demnach abzusehen. Auch die FDP würde mit großer Wahrscheinlichkeit die Minderheitsregierung nicht unterstützen, zumal der Haushalt beispielsweise auch Gelder zur Kompensation von Finanzierungsausfällen durch die Abschaffung der Studiengebühren vorsah, die noch von der schwarz-gelben Vorgängerregierung eingeführt worden waren. So kritisierte Gerhard Papke, Fraktionsvorsitzender der FDP, die Finanz- und Haushaltspolitik der rot-grünen Minderheitsregierung harsch: „Sie verabschieden sich regierungsoffiziell von der Haushaltskonsolidierung und machen aus Ihrer Verschuldungsorgie noch eine Staatsphilosophie."[20] Wenn die Landesregierung ihre Ausgabenseite im Haushalt nicht drastisch kürzen würde – und das hatte sie wie erwähnt nicht getan –, würde also auch die FDP dem Haushaltsentwurf nicht zustimmen.

Es war deshalb an der Linkspartei, die rot-grüne Minderheitsregierung zu unterstützen und den Haushalt passieren zu lassen. Abermals befand sich damit eine Oppositionspartei in ihrer Interaktion mit der Minderheitsregierung in einem Dilemma, das auch zu innerparteilichen Disputen führte. Die Möglichkeit der Zustimmung oder mindestens der Enthaltung hatte die Fraktion der Linken bereits in der Frühphase der Gesetzgebung zu erkennen gegeben. Der Haushaltsentwurf sei

18 Landtag Nordrhein-Westfalen: 25. Plenarsitzung, 23. Februar 2011, Plenarprotokoll 15/25, S.2233-2234.

19 Ebd., S. 2255.

20 Ebd.

„nicht nur Ausdruck eines bloßen Regierungswechsels", sondern „durchaus eine grundsätzliche politische Kurskorrektur in Richtung der Prinzipien Vorsorge und Nachhaltigkeit" (Bärbel Beuermann, Linke)[21] und liege so abstrakt gesprochen innerhalb des Präferenzbereiches der Linkspartei. Um aber auch ihrer Rolle als Oppositionspartei gerecht zu werden, nannte die Linke Bedingungen für ihre Mithilfe, den Haushalt 2011 passieren zu lassen: gebührenfreie Bildung, bezahlbarer Wohnraum, Verbesserung der finanziellen Handlungsfähigkeit der Kommunen; also alles in allem recht finanzintensive politische Projekte.

Dass jene zunächst unerwarteten Mehreinnahmen dazu verwandt wurden, die Nettokreditaufnahme auf nur noch maximal 4,9 Milliarden Euro zu senken und nicht in neue Projekte zu reinvestieren, sorgte für Kritik von der Linkspartei; in ihren Augen hatte sich die Landesregierung von der CDU, die mit einer erneuten Klage vor dem Landesverfassungsgericht gedroht hatte, erpressen lassen. Zwar hatte man letztlich aus Gründen, die an späterer Stelle dieses Abschnittes noch dargestellt werden, kein Interesse daran, die Konfrontation mit der rot-grünen Minderheitsregierung zu suchen, indem man dem Haushaltsgesetz 2011 ebenfalls die Zustimmung versagen würde. Dennoch war man um des eigenen Profils und um der Resonanz bei der eigenen Wählerschaft willen gezwungen (hinsichtlich der *vote*-Dimension), den Etatplan nicht kritiklos passieren zu lassen. Anders als die Minderheitsregierung, die eher die Neuverschuldung zu senken bestrebt war, kritisierte Wolfgang Zimmermann, Fraktionsvorsitzender der Linken, in seiner Plenarrede zur dritten Lesung, die Mehreinnahmen hätten vielmehr in sozialpolitische Projekte reinvestiert werden müssen. Diese Einsparungen „fehlen in den Kommunen, in den Universitäten und Schulen, sie fehlen für eine kostenfreie Kinderbetreuung, für ein Sozialticket, für die Flüchtlingsberatung, für die Arbeitsmarktpolitik, für Kinder und Jugendliche und nicht zuletzt für eine deutliche Erhöhung der darniederliegenden Investitionen"[22]. Überhaupt sei die Minderheitsregierung in dieser Haus-

21 Ebd., S. 2260.

22 Landtag Nordrhein-Westfalen: 34. Plenarsitzung, 18. Mai 2011, Plenarprotokoll 15/34, S. 3251.

haltsgesetzgebung als „Tiger" gesprungen und als „Bettvorleger" gelandet.[23] Dass die Fraktion der Linkspartei trotz all der formulierten Kritik, nachdem der Entwurf „gewissenhaft geprüft" worden sei, zu dem Entschluss kam, dass „rote Haltelinien" nicht überschritten worden seien und dass daher kein Veto gegen das Haushaltsgesetz 2011 eingelegt werde[24], zeigt das inhärente Spannungsverhältnis zwischen Konfrontation, Kritikartikulation und Konsens mit der Minderheitsregierung, wenn die eigenen Umfragewerte schlecht und die Erfolgsaussichten bei Neuwahlen gering sind.

Dieses Spannungsfeld provozierte zugleich innerparteilichen Dissens. Auf einem Parteitag der Linken sollte wenige Tage vor der Abstimmung über den Haushalt 2011 die Basis nach dem gewünschten Stimmverhalten gefragt werden. Mit einer Mehrheit von siebzig Prozent stimmte diese für einen als pragmatisch zu bezeichnenden Kurs der Landtagsfraktion und damit gegen den Antrag des Parteivorstandes, gegen den Haushaltsentwurf der rot-grünen Minderheitsregierung zu votieren. Damit hatten sich vor allem die Realpolitiker der Linken durchgesetzt: Ohne die Linke würde die Regierung noch mehr sparen; die Zustimmung sei möglich, weil erstens „rote Linien" der Linken nicht überschritten worden wären, und zweitens viele Projekte ermöglicht würden, etwa die Abschaffung der Studiengebühren, lautete die Argumentation. Zugleich offenbarte dieser innerparteiliche Disput jedoch auch, inwiefern man als Oppositionspartei in Minderheitssituationen zwischen die Malsteine aus Zustimmung und Ablehnung gerät: Der Parteivorstand war demnach bestrebt, mit einer Ablehnung der rot-grünen Haushaltspläne das eigene Parteiprofil zu schärfen und sich mehr von SPD und Grünen abzugrenzen.[25] Es wiederholte sich hierbei also ebenfalls das große Dilemma, mit dem Oppositionsparteien in Situationen einer Minderheitsregierung konfrontiert sind.

Theoretisch gesehen versuchte die Linkspartei durch ihr ambivalentes Handeln während der Haushaltsgesetzgebung 2011 sowohl *policy*-, *office*- als auch *vote*-Motive zu bedienen. Denn

23 Ebd., S. 3250.

24 Ebd., S. 3253.

25 Siehe http://www.derwesten.de/politik/schwere-niederlage-fuer-vorstand-der-linken-id4653108.html (29. Januar 2013).

die SPD hat Ende März 2011, also in der Zeit nach dem Urteil des Landesverfassungsgerichtes und vor der Verabschiedung des ordentlichen Haushaltes 2011, erklärt, ebenso wie die CDU kein Interesse an Neuwahlen zu haben, weil ausgehend von Meinungsumfragen nur die Grünen hiervon profitieren würden.[26] Eine offene Drohung, Neuwahlen im Falle des Scheiterns des Haushaltsgesetzes herbeizuführen, ist zwar nicht ausgesprochen worden; da aber der Minderheitsregierung die Handlungsgrundlage entzogen worden wäre, wesentliche Entscheidungen zu treffen, war das Haushaltsgesetz 2011 inhärent verbunden mit der potenziellen Drohung mit Neuwahlen. Damit funktionierte Art. 35 NRW-LV, in dem das Recht des Landtags auf Selbstauflösung festgehalten war, als Mittel der Agendasetzung quasi-äquivalent zur Möglichkeit auf Bundesebene, eine Sachfrage mit der Vertrauensfrage zu verbinden – allerdings in informeller Weise. Damit wurden die Abgeordneten, in diesem Fall der Opposition und genauer: der Linken vor die schwierige Entscheidung gestellt, eine unpopuläre Sachentscheidung (*policy*-Dimension) anzunehmen, damit Neuwahlen zu verhindern, sich nicht der Sitze im Parlament (*office*-Dimension) und damit nicht der Einflussmöglichkeiten zu berauben, die Minderheitssituationen der Opposition bieten.[27]

Bei der Haushaltsgesetzgebung wirkte diese Drohung nur latent, ohne offen ausgesprochen zu werden. Anders aber war es beispielsweise in der Frage nach der Abschaffung der Studiengebühren. Hier hatte Ministerpräsidentin Hannelore Kraft der Linkspartei offen mit Neuwahlen gedroht, sollte die Linke die Abschaffung der Studiengebühren zum Wintersemester 2011/12 blockieren. Die Linke forderte stattdessen eine frühere Abschaffung und drohte mit Blockade.[28] Ganz der Theorie zur Agendasetzermacht einer Regierung entsprechend musste die

---

26 Siehe http://www.derwesten.de/nachrichten/spd-und-union-wollen-derzeit-keine-wahlen-in-nrw-id4475203.html (29. Januar 2013).

27 Vgl. Hönnige: Die Vertrauensfrage des Bundeskanzlers als Instrument der Agendakontrolle in vergleichender Perspektive.

28 Siehe http://www.derwesten.de/politik/kraft-droht-linken-mit-neuwahlen-in-nrw-id4247510.html (29. Januar 2013); http://www.spiegel.de/politik/deutschland/nrw-kraft-droht-der-linken-mit-neuwahlen-a-743747.html (29. Januar 2013).

rot-grüne Minderheitsregierung, nachdem sie die Drohung mit der Parlamentsauflösung als Instrument des Agendasettings angewandt hatte, keine Kompromisse mit der Linkspartei eingehen, und auch mögliche Koppelgeschäfte als Gegenleistung hierfür wurden nicht vereinbart.

Aber auch die Union kann als in diesem Spannungsfeld gefangen angesehen werden. Zwar reichte sie tatsächlich Klage vor dem Landesverfassungsgericht ein, nachdem der Haushalt 2011 in dritter Lesung am 18. Mai 2011 verabschiedet worden war; diesmal allerdings ohne einen Eilantrag gestellt zu haben. Und tatsächlich erklärte der Verfassungsgerichtshof für Nordrhein-Westfalen in seinem Urteil vom 12. März 2013 auch das Haushaltsgesetz 2011 für verfassungswidrig.[29] So hatte denn auch die rot-grüne Mehrheitsregierung der 16. Legislaturperiode bereits ihr Etatgesetz für das Haushaltsjahr 2012 verabschiedet, am 28. November 2012, noch bevor das Landesverfassungsgericht sein Urteil zum Haushalt 2011 gefällt hatte. Selbst wenn das Gericht den Etat für 2011 für nichtig erachten würde, wie es dann geschah, wären bis zum Urteil unumkehrbare Fakten geschaffen worden, etwa durch die Abschaffung der Studienbeiträge. Der Schritt der CDU diente also eher der Artikulation von Kritik an der Regierung und weniger dazu, der Minderheitsregierung tatsächlich die Handlungsgrundlage zu entziehen – zumal auf einen Eilantrag verzichtet worden war. Auch die Union scheute zu diesem Zeitpunkt das Risiko der Neuwahlen, weil es höchst ungewiss war, dass sich durch eine Parlamentsauflösung für die CDU eine Verbesserung im Vergleich zum bisherigen Status quo ergeben würde. Zwar war sie in den Umfragen von Infratest Dimap im April 2011, als der Haushalt 2011 ausgearbeitet wurde, mit 34 Prozent die stärkste Partei in Nordrhein-Westfalen; da die FDP aber bei vier Prozent lag, würde ihr für den Fall einer Regierungsbildung nach Neuwahlen möglicherweise ein wichtiger strategischer Partner fehlen. Ihr würde nur eine Koalition mit der SPD oder den Grünen bleiben, die durch die Stärke der Grünen – diese lagen bei 24 Prozent – jedoch bei Neuwahlen voraussichtlich ihrerseits eine

29 Az: VerfGH 7/11

gemeinsame absolute Mehrheit würden erreichen können.[30] Zu diesem Zeitpunkt hätte also ein vorzeitiges Ende der 15. Legislaturperiode für die Union mehr Nach- als Vorteile bedeutet, und auch deshalb verzichtete sie wohl auf einen Eilantrag an das Landesverfassungsgericht.

30 Vgl. http://www.infratest-dimap.de/umfragen-analysen/bundeslaender/nordrhein-westfalen/sonntagsfrage/ (11. April 2013).

7. Haushaltsgesetz 2012: das Scheitern der Minderheitsregierung

Die letzten Worte im Protokoll der 15. Legislaturperiode klangen beiläufig, fast gleichgültig: „Verehrte Kolleginnen und Kollegen, damit sind wir am Ende unserer heutigen Tagesordnung und auch am Ende dieser Wahlperiode des Landtags Nordrhein-Westfalen", sagte Landtagspräsident Eckhard Uhlenberg (CDU). „Vielen Dank für Ihre konstruktive Mitarbeit! Ich wünsche Ihnen noch einen angenehmen Abend."[1] Dabei war gerade nichts weniger als das vorzeitige Ende einer Regierung beschlossen worden, das noch wenige Tage zuvor für keinen politischen Beobachter vorhersehbar gewesen war: Das Haushaltsgesetz 2012 war soeben vom Parlament abgelehnt worden; es war damit jenes Gesetz, das Scheitern und Ende der rot-grünen Minderheitsregierung bedeuten sollte, die so häufig als „Experiment" bezeichnet worden war.

7.1 Vorbedingungen und Interaktionsformen

Auch 2012 strahlte das Urteil des Landesverfassungsgerichtes zum Nachtragshaushalt 2010 noch seine Wirkung aus: Die Minderheitsregierung würde genau darauf zu achten haben, einen verfassungsgemäßen Haushalt zu verabschieden, auch wenn zu dieser Zeit das Landesverfassungsgericht noch kein Urteil zum Haushaltsgesetz 2011 gefällt hatte. Ihre bisherige Argumentationslinie und Strategie, das Übersteigen der Nettokreditaufnahme über das Investitionsvolumen mit einer gesamtwirtschaftlichen Störung zu rechtfertigen und sich somit jenen bereits erwähnten Verfassungspassus zu eigen zu machen, würde als Argumentation nicht mehr herhalten können;

---

1 Landtag Nordrhein-Westfalen: 57. Sitzung, 14. März 2012, Plenarprotokoll 15/57, S. 5720.

zumal in einer Zeit des wirtschaftlichen Aufschwungs, da das preisbereinigte Bruttoinlandsprodukt 2011 im Vergleich zum Vorjahr bundesweit um drei Prozent und in Nordrhein-Westfalen um 2,6 Prozent gestiegen war.[2] Sollte der Haushaltsplan 2012 verfassungskonform sein, durfte die Neuverschuldung die Investitionen nicht überschreiten. Für die Minderheitsregierung bedeutete dies, Einschnitte machen zu müssen wie nie zuvor in der Legislaturperiode, und es bedeutete auch, einen Haushaltsentwurf vorzulegen, der es der Linkspartei, die nach wie vor mehr Ausgaben für sozialpolitische Projekte forderte, schwerer als zuvor machen würde, das Haushaltsgesetz zumindest zu tolerieren. Aus Gründen ihrer eigenen Glaubwürdigkeit – und dies konnte für sie durchaus rational sein – würde sie einen Haushalt, der das Investitionsvolumen nicht überstieg, kaum mittragen können, um nicht die Missgunst der eigenen Wählerschaft zu provozieren.[3]

Damit waren die Liberalen in die Bredouille gebracht. Wie auch die Linkspartei konnten sie kein Interesse an Neuwahlen haben, um im Falle einer Parlamentsauflösung nicht den Wiedereinzug in den Landtag zu verpassen. Da aber ungewiss war, ob die Linkspartei als Tolerierungspartner der Regierung zur Verfügung stehen und auch die CDU die Minderheitsregierung bei einem solch wichtigen Gesetz kaum im Amt halten würde, musste die FDP nicht nur über das Schicksal des Minderheitskabinettes Kraft entscheiden, sondern auch über ihr eigenes und das der gesamten Legislaturperiode. Gleichzeitig durfte sie nicht vergessen, dass sie selber Oppositionspartei war und eigene Wählerinteressen zu bedienen hatte, dass sie Kritik an der Regierung formulieren und eigene Politikinhalte vorstellen musste. Damit findet sich in der Zwangslage der Liberalen jenes Dilemma wieder, das sich während der gesamten Legislaturperiode als das, aus wissenschaftlich-theoretischer Perspektive, große Thema der Oppositionsparteien und der rote Faden der

2 Vgl. http://www.it.nrw.de/presse/pressemitteilungen/2012/pres_154_12.html (29. Januar 2013).

3 Siehe http://www.sueddeutsche.de/politik/streit-um-haushalt-in-nordrhein-westfalen-rot-gruen-in-duesseldorf-koennte-scheitern-1.1308286 (29. Januar 2013).

Fallbeispiele dieser Studie erweisen sollte: der ständige und kaum aufzulösende *trade-off* zwischen eigenen *policy-*, *office-* und *vote*-Präferenzen. Dies alles wiederum kann den Interessen der eigenen Wählerschaft widersprechen, die mithin nicht goutieren könnten, wenn die eigene Partei eine Regierung aus dem – überspitzt formuliert – „verfeindeten" Lager allzu sehr unterstützen würde.

Schulfrieden und Haushaltsgesetz 2011 stehen nicht nur exemplarisch für zwei Möglichkeiten einer Minderheitsregierung, ihre fehlende Mehrheit zu kompensieren: entweder durch Kooperation oder durch unilaterales Handeln unter Nutzung von Instrumenten der Agendasetzermacht. Sie stellen zugleich zwei unterschiedliche Interaktionsformen dar, mit denen ein legislativer Entscheidungsprozess initiiert und ein Gesetz schlussendlich verabschiedet werden kann. Bemerkenswerterweise ist der Haushalt 2012 in dieser Sicht eine besondere Interaktionsform, die als „konfrontativer Konsens" bezeichnet werden kann. Es ist dies eine Interaktionsform, die durch die Spezifika der Haushaltsgesetzgebung 2012 bedingt war und sowohl eine Mischung aus Kooperation zwischen Minderheitsregierung und Opposition als auch die für Haushaltspolitik generell typische Form der Konfrontation zwischen Regierung und Oppositionsparteien beinhaltete. Denn wie noch zu zeigen sein wird, waren Haltung und Strategie der Liberalen im Verlauf der Haushaltsgesetzgebung 2012 eine Chimäre, die zwischen Konflikt und Konsens changierte, d.h. zwischen inhaltlicher Kritik an der Regierung, stets aber vor dem Hintergrund, grundsätzlich an einer Kooperation und somit an einer Einigung mit der Minderheitsregierung interessiert zu sein, um dem Problem der Neuwahlen und den damit verbundenen Risiken zu begegnen.

7.2 Strategien und Parteipositionen

7.2.1 Strategien

Wie nun haben sich die beteiligten Parteien de facto verhalten, vor dem Hintergrund der dargestellten Eigenarten und Besonderheiten der Interaktionsformen während der Haushaltsgesetzgebung 2012? Welche Positionen nahmen die Parteien ein, welche Strategien verfolgten sie und welche Ziele strebten sie an? Der Haushaltsplan, den die Regierung in den Landtag eingebracht hatte, sah zunächst eine Neuverschuldung in Höhe von 4,1 Milliarden Euro vor[4], wurde dann um weitere 750 Millionen Euro gesenkt, sodass zwischenzeitlich eine Neuverschuldung von 3,5 Milliarden eingeplant gewesen war.[5] Damit lag der Haushaltsplan um etwa 800 Millionen Euro innerhalb des verfassungskonformen Rahmens.[6] Dies war gewissermaßen das Angebot oder die Verhandlungsgrundlage an Linke und FDP; die CDU hatte bereits angekündigt, unter keinen Umständen den Etatentwurf passieren zu lassen, mit dem die rot-grüne Minderheitsregierung den Gesetzgebungsprozess zum Haushaltsplan 2012 eröffnet hatte und auf den nun Linkspartei und Liberale zu reagieren hatten – beide mit demselben Ziel, Neuwahlen zu vermeiden.[7]

Ursprünglich gingen FDP und Linke davon aus, dass sich die Haushaltsgesetzgebung über drei Lesungen erstrecken würde, unabhängig vom Ausgang der Abstimmung in zweiter Lesung. Wie noch zu zeigen sein wird, hatte insbesondere die FDP diesmal ein Interesse daran, den Etatplan der Minderheitsregierung zu unterstützen und das Kabinett Kraft damit im Amt zu halten, weil sie die Ablehnung des Haushalts 2012 durch die Linke antizipierte. Um aber gleichzeitig ihrer Rolle als Oppositionspartei gerecht zu werden, wollte sie die Zügel in der Hand halten, wollte sie die Gesetzgebung und den Verhandlungsprozess zumindest ein Stück weit mitbestimmen. Die FDP war demnach durchaus konsensorientiert, ohne aber aus bekannten Gründen den Konflikt und die Konfrontation mit der Minder-

4 Landtag Nordrhein-Westfalen: Gesetzentwurf der Landesregierung, Gesetz über die Feststellung des Haushaltsplans des Landes Nordrhein-Westfalen für das Haushaltsjahr 2012, 8. Dezember 2011, Drucksache 15/3400.

5 Landtag Nordrhein-Westfalen: 57. Sitzung, 14. März 2012, Plenarprotokoll 15/57, S. 5712.

6 Siehe http://www.spiegel.de/politik/deutschland/fdp-in-nrw-liberale-gehen-auf-schmusekurs-zu-rot-gruen-a-820187.html (28. Januar 2013).

7 Siehe http://www.sueddeutsche.de/politik/streit-um-haushalt-in-nordrhein-westfalen-rot-gruen-in-duesseldorf-koennte-scheitern-1.1308286 (29. Januar 2013).

heitsregierung gänzlich aus den Augen zu verlieren. Dazu sollte das von der Landesregierung eingebrachte Haushaltsgesetz zunächst in der zweiten Lesung abgelehnt werden, um die eigene Verhandlungsposition vor der dritten Lesung zwei Wochen später zu verbessern, der Minderheitsregierung weitere Zugeständnisse abzuverlangen und damit nicht zuletzt auch an Reputation bei der Wählerschaft zu gewinnen. Die FDP war daher bemüht, durch ihre Strategie allen drei Dimensionen der Parteimotive gerecht zu werden. Darauf wiederum wollte sich die Minderheitsregierung verlassen, mit einem Scheitern der Haushaltsgesetzgebung rechnete sie nicht. Auch von der Linkspartei gab es noch kein klares Dementi, den Haushalt in dritter Lesung am 29. März ablehnen zu wollen. Für das Wochenende nach der zweiten Lesung hatte die Linke einen Parteitag anberaumt, auf dem die Basis nach dem Stimmverhalten in der dritten Lesung befragt werden sollte. Für den Wochenanfang wiederum war ein Gesprächstreffen zwischen SPD, Grünen und FDP vereinbart.[8]

Es hätte eine *win-win*-Situation für Landesregierung und Liberale werden können: Die Minderheitsregierung hätte ein weiteres wichtiges Gesetz verabschiedet, zumal erneut mit wechselnden Mehrheiten, wodurch sie abermals Handlungsfähigkeit demonstriert hätte. Die FDP wiederum hätte Neuwahlen vermieden, damit die eigenen *office*-Motive abgedeckt und sich zeitgleich als harter Verhandlungspartner geriert, der die Minderheitsregierung zu weiterem Sparen gezwungen hatte, womit gleichsam nicht nur die eigenen *policy*-Interessen bedient worden wären, sondern auch die der Wählerschaft (*vote*-Dimension). Stattdessen boten sich die Liberalen aber der Minderheitsregierung als Kooperationspartner in der Haushaltspolitik an: „Wir stehen am Beginn der heißen Gespräche. Die Atmosphäre ist gut, das Ergebnis ist offen", sagte Gerhard Pape, Fraktionsvorsitzender der Liberalen im Düsseldorfer Landtag, auf einer Pressekonferenz.[9] Soweit sah es die Theorie vor, bis

8 Siehe http://www.spiegel.de/politik/deutschland/rot-gruen-in-nrw-droht-das-vorzeitige-aus-a-821186.html (28. Januar 2013).

9 Siehe http://www.spiegel.de/politik/deutschland/fdp-in-nrw-liberale-gehen-auf-schmusekurs-zu-rot-gruen-a-820187.html (28. Januar 2013).

sich die Spielregeln unerwartet geändert hatten. Bis ein Brief der Landtagsverwaltung die Fraktionen erreichte und kurz darauf die Meldung getickert wurde, die Minderheitsregierung stehe kurz vor dem Scheitern.[10]

Auch die CDU darf an dieser Stelle nicht vergessen werden. Zwar hatte sie stets angekündigt, den Haushalt nicht unterstützen und im Falle dessen Scheiterns Neuwahlen beantragen zu wollen (wie sie es denn schlussendlich auch tat).[11] Dennoch kann mit gutem Grund davon ausgegangen werden, dass auch die Christdemokraten ein grundlegendes Interesse daran hatten, der Gefahr einer Parlamentsauflösung aus dem Wege gehen zu wollen. Denn da sie zu befürchten hatte, dass im drohenden Fall von Neuwahlen mit der FDP ihr potenzieller Koalitionspartner den Wiedereinzug ins Parlament verpassen würde, wäre die Union bei einer anstehenden Regierungsbildung eines wichtigen Machtfaktors beraubt gewesen. Stattdessen wäre sie darüber hinaus auch noch der Gefahr ausgesetzt gewesen, sich nach einer Neuwahl erneut in der Opposition wiederzufinden, da die guten Umfragewerte von SPD und Grünen eine Mehrheitskoalition erwarten ließen. Die CDU würde dann nicht nur einen Koalitionspartner verlieren, sondern auch all jene potenziellen Einflusschancen, die eine Minderheitssituation der Opposition zwangsläufig bot. Allein, die Union konnte dies nicht offen formulieren, sondern musste Kritik an der Minderheitsregierung, aber auch an den Liberalen üben, die sich mehr und mehr SPD und Grünen angedient hatten (s.w.u.) – und gleichzeitig darauf hoffen, dass zumindest eine der beiden kleineren Oppositionsparteien den Haushalt der rot-grünen Minderheitsregierung nicht blockieren würde.

7.2.2 Parteipositionen

Mit welchen Parteipositionen gingen FDP und Linke in dieses haushaltspolitische Vabanquespiel? Die folgenden Positionen

10 Siehe http://www.spiegel.de/politik/deutschland/wie-es-in-nrw-zu-neuwahlen-kam-a-821395.html (28. Januar 2013).

232 Ebd.

wurden während der zweiten Lesung formuliert, als bereits absehbar war, dass das Haushaltsgesetz 2012 und die Minderheitsregierung scheitern würden.

Zunächst die Linke: Sie war es, die die Minderheitsregierung bei den Haushaltsgesetzen zuvor und auch in der Mehrheit der als „Schlüsselentscheidungen" eingestuften Gesetze unterstützt hatte, mit zwei wichtigen Ausnahmen: Mit dem Schulkonsens zwischen Regierung und CDU und mit dem von Minderheitsregierung und Liberalen ausgehandelten Stärkungspakt Stadtfinanzen waren zwei wegweisende Gesetze ohne die Zustimmung respektive Tolerierung der Linkspartei verabschiedet worden und es erschien so, als hänge dies der Linken während der Haushaltsgesetzgebung 2012 noch immer nach. Zumindest kritisierte Linken-Fraktionsvorsitzender Wolfgang Zimmermann in seiner Plenarrede, dass mit Schulkonsens und Stärkungspakt Stadtfinanzen jener Politikwechsel abrupt aufgehört habe, den die Linke zur Bedingung für ihre weitgehende Tolerierung der Minderheitsregierung machte. Dies bestätigt den Befund Sabine Kropps[12], demnach es für eine Minderheitsregierung, die in wesentlichen Entscheidungen zuvor auf die Unterstützung einer bestimmten Oppositionspartei angewiesen war, dann aber in anderen „Schlüsselentscheidungen" mit anderen Parteien kooperierte, mit erheblichen Schwierigkeiten verbunden sein kann, einen erneuten Konsens mit ersterer Oppositionspartei zu erzielen. Hätte die Minderheitsregierung sich zuvor nicht mit CDU respektive FDP in anderen Sachfragen geeinigt und hätte die Linke damit nicht ihre bislang privilegierte Stellung zur Minderheitsregierung verloren, sie hätte möglicherweise den Haushalt 2012 unterstützt. Zudem kritisierte die Linke, die Sparbemühungen von SPD und Grünen würden zulasten des öffentlichen Dienstes gehen. Auch forderte sie etwa die Abschaffung des Landesverfassungsschutzes: eine Position, die die Regierungsfraktionen ablehnten; darüber hinaus plädierte sie für die Einführung eines Sozialtickets für den öffentlichen Personennahverkehr und eine radikale Arbeitszeitverkürzung der Landesbediensteten bei vollem Lohn- und Personalausgleich, um deren als zu hoch empfundene Arbeitsbelastung

12 Vgl. Kropp: Regieren in Koalitionen, S. 225.

zu mildern. Insgesamt würden die Forderungen der Linkspartei mindestens eine Milliarde Euro, möglicherweise sogar bis zu 1,4 Milliarden Euro kosten und damit den konstitutionellen Oberrahmen zur Neuverschuldung abermals überschreiten.[13] Aus dieser *policy*-Sicht heraus war demnach unwahrscheinlich, dass die Minderheitsregierung auf die Unterstützung der Linkspartei hoffen konnte - anders als noch 2010 und 2011. Die Einsparungen um der Verfassungskonformität willen bedeuten demnach auch, dass das die Zustimmung oder mindestens die Enthaltung der Linkspartei unwahrscheinlich sein würde.

So wurde das Verhalten der FDP umso bedeutender, als sie die einzig verbliebene Oppositionspartei war, die im Falle der Ablehnung durch die Linke der Haushaltsgesetzgebung zu einem erfolgreichen Ausgang verhelfen konnte. Bereits in den Wochen vor der zweiten Lesung gab es Anzeichen einer möglichen Kooperation zwischen SPD, Grünen und FDP, die jeweils beiden Seiten strategisch dienlich sein könnte. Auf längere Sicht - denn von einem abrupten Scheitern waren die Regierungsfraktionen Anfang März noch nicht ausgegangen - hätte eine Annäherung an die Liberalen für die Minderheitsregierung den Vorteil bedeutet, weniger auf den Gutwillen der Linken angewiesen zu sein, mit deren finanzintensiven Forderungen die Haushaltsdisziplin nur schwerlich zu wahren gewesen wäre. Für die FDP dagegen würde eine informelle Ampelkoalition eine weitere Koalitionsperspektive eröffnen und die Abhängigkeit von der CDU, typischerweise der bisherige Koalitionspartner der FDP, zumindest mindern. Bei der Beschlussempfehlung im Finanz- und Haushaltsausschuss hatten sich die Liberalen zunächst enthalten und so grundsätzliche Kooperationsbereitschaft signalisiert.[14]

Ohne Zugeständnisse war aber auch die Zustimmung oder mindestens die Enthaltung der Liberalen für die Minderheitsregierung nicht zu haben, wiewohl die Angebote an die FDP

13 Landtag Nordrhein-Westfalen: 57. Sitzung, 14. März 2012, Plenarprotokoll 15/57, S. 5715.

14 Siehe http://www.derwesten.de/politik/ampelkoalition-in-nrw-rot-gruen-und-fdp-gehen-aufeinander-zu-id6421518.html (29. Januar 2013); http://www.derwesten.de/politik/rot-gruene-nrw-regierung-wegen-haushalt-vor-dem-aus-id6457005.html (29. Januar 2013).

Sparbemühungen bedeuteten und nicht größere Ausgaben wie im Falle der Linken. Grundsätzlich war die FDP bestrebt, der Minderheitsregierung weitere Sparmaßnahmen abzuverlangen. Daher war der Haushaltsentwurf in der Form, wie ihn das Minderheitskabinett Kraft in den Landtag eingebracht hatte, noch nicht annehmbar. „Ich stelle fest, Frau Ministerpräsidentin, dass der Haushaltsentwurf, den Sie dem Parlament vorgelegt haben, bei Weitem nicht ausreicht, um Nordrhein-Westfalen in eine gute Zukunft zu führen", stellte Gerhard Papke, Fraktionsvorsitzender der Liberalen, in seiner Plenumsrede während der zweiten Lesung fest. „Ein solcher Haushaltsentwurf, der Nordrhein-Westfalen in den Verschuldungssumpf führt, ist für meine Fraktion weder zustimmungsfähig noch hinnehmbar."[15] Da diese Kritik formuliert wurde, nachdem das Scheitern von Haushalt und Regierung abzusehen gewesen war, ist sie freilich auch als Rechtfertigung für das Stimmverhalten der Liberalen zu sehen, auch mit Blick auf die nun aller Voraussicht nach anstehenden Neuwahlen. Auf die Frage nach den Vorstellungen darüber, an welchen Stellen die FDP noch Sparanstrengungen von der Minderheitsregierung erwartete, gab es weder im politischen Betrieb selber noch in der medialen Berichterstattung Hinweise. Dies kritisierte Ministerpräsidentin Hannelore Kraft denn auch in ihrer Plenarrede.[16]

7.3 Das Scheitern der Minderheitsregierung

Die FDP hatte also das grundsätzliche Ziel, die Minderheitsregierung im Amt zu halten und den Haushalt 2012 passieren zu lassen, gleichviel ob durch Zustimmung oder Enthaltung. Ein Brief aber brach dem Schicksal der rot-grünen Minderheitsregierung Bahn, oder genauer: ein Brief, in dem die Landtagsverwaltung den Fraktionen erklärte, dass die Haushaltsgesetzgebung nicht ganz so ablaufen würde, wie sie es eigentlich gedacht hatten, und dass ihre Strategien nicht so funktionieren

---

15 Landtag Nordrhein-Westfalen: 57. Sitzung, 14. März 2012, Plenarprotokoll 15/57, S. 5713.

16 Ebd., S. 5712.

würden, wie sie es eigentlich geplant hatten. „Wegen der Besonderheiten des Haushaltsplans kann die Ablehnung eines Einzelplans in der zweiten Lesung zum Scheitern des Haushalts führen, die in der dritten Lesung durch den Landtag nicht mehr korrigiert werden kann", hieß es in dem Schreiben der Landtagsjuristen, den die Landtagsfraktionen an einem Dienstagabend erhielten.[17] Kurzum: Wollten FDP und Linke Neuwahlen vermeiden – denn dies wäre die unabdingbare Folge, würde der Minderheitsregierung durch das Ablehnen des Haushaltsplanes die Handlungsgrundlage entzogen werden, dann mussten sie sich bereits in der zweiten Lesung mindestens enthalten. Der für die zweite Lesung eingereichte Gesetzentwurf war aber nur das erste Angebot von SPD und Grünen, auf dessen Grundlage die weiteren Verhandlungen mit den Oppositionsparteien aufbauen sollten, nachdem diese das Haushaltsgesetz 2012 in zweiter Lesung zunächst blockiert hatten – vorerst, freilich.

Es war also der Abend des 13. März, der Abend vor der zweiten Lesung. Die Maßgabe der Verwaltung wirkte wie ein Brennglas für die Interessen der Fraktionen, insbesondere für die Liberalen; das Oppositionsdilemma, das sich wie ein roter Faden durch die Legislaturperiode der Minderheitsregierung zog, potenzierte sich. Innerhalb weniger Stunden würden die Liberalen entscheiden müssen, den Haushaltsentwurf der Landesregierung anzunehmen und damit ihre eigenen Sitze im Parlament zu sichern und die Minderheitsregierung zu unterstützen. Dann würden sie aber zugleich Wortbruch gegenüber ihrer Wählerschaft begehen, da sie stets angekündigt hatten, den Gesetzentwurf in der vorliegenden Form nicht passieren zu lassen; dies war ursprünglich die Drohung und gleichsam das Gesprächsangebot an die Regierungskoalition gewesen, auf einen gemeinsamen Nenner zu kommen. Diese Option bestand nun nicht mehr. Oder sie müssten den Gesetzentwurf in zweiter Lesung ablehnen, damit aber auch gleichzeitig das Minderheitskabinett stürzen und Neuwahlen herbeiführen. Dies war die Alternative, für die sich die FDP schlussendlich entschied und damit indirekt auch die 15. Legislaturperiode, die Amtszeit

17 Zitiert nach http://www.spiegel.de/politik/deutschland/rot-gruen-in-nrw-droht-das-vorzeitige-aus-a-821186.html (28. Januar 2013).

der ersten originären Minderheitsregierung in Nordrhein-Westfalen, beendete.

Als demnach der Landtag am 14. März 2012 zunächst über den Einzelplan 03 des Gesamthaushaltes 2012, den Etatplan des Innenministeriums, abstimmte, entschied die FDP nicht nur über einen einzelnen Teil des Haushaltes, sie entschied damit auch über den Haushalt an sich und vor allem über das drohende Ende der 15. Legislaturperiode und damit über das Schicksal von Regierung und Opposition. Sowohl FDP als auch Linkspartei, und die CDU sowieso, entschlossen sich dazu, dem ersten Einzelplan, der zur Abstimmung stand, und nach der Entscheidung der Landtagsverwaltung auch dem Haushalt an sich die Zustimmung zu verweigern und damit letztlich Neuwahlen herbeizuführen. Der Gesetzesvorschlag, den die rot-grüne Minderheitsregierung eingebracht hatte, war in dieser Form weder für FDP noch für Linke annehmbar. Er war als Vorschlag und als Gesprächsgrundlage gedacht gewesen, auf dessen Basis sich die Minderheitsregierung mit einer der beiden kleineren Oppositionsparteien auf eine gemeinsame Linie hatte verständigen wollen. Aufgrund der Richtlinie, die die Verwaltung am Abend vor der zweiten Lesung an die Fraktionen herausgegeben hatte, war aus der Gesprächsgrundlage jedoch das finale Angebot geworden. Und jene Kritik (siehe Kap. 6.2.2), die die Verhandlungen zwischen zweiter und dritter Lesung hätten leiten sollen, musste nun als Richtschnur für das Stimmverhalten in der entscheidenden zweiten Lesung gelten. Ohne die Möglichkeit der Nachverhandlung zwischen zweiter und dritter Lesung blieb die formulierte Kritik von Linkspartei und FDP nach wie vor virulent, sodass sich die beiden Fraktionen in ihren Abwägungen dafür entschieden hatten, den Haushalt aus Gründen der Glaubwürdigkeit abzulehnen. Letztlich kann dies durchaus als ein rationaler Schritt angesehen werden, da die Tolerierung des ursprünglichen Gesetzentwurfes, den sie zunächst mit der Hoffnung auf Nachbesserungen kritisiert hatten, ihrer öffentlichen Reputation und Glaubwürdigkeit vor allem bei der eigenen Wählerschaft immens zu schaden drohte. Da zudem über den Einzelplan 03 namentlich abgestimmt wurde, diente dies der Disziplinierung der Reihen der Oppositionsparteien, um zu vermeiden, dass in einer geheimen Abstimmung möglicherweise nicht doch noch ein Hinterbänkler für den Haushalt stimmte (denn eine Stimme reichte der Minderheitsregierung ja bereits), weil er über keinen sicheren Wahlkreis oder eine hintere Platzierung auf der Parteiliste verfügte.

Am Ende hatten sich, so schien es zunächst, alle Akteure verkalkuliert: „Alle Parteien haben sich in NRW verzockt. SPD und Grüne dachten, sie kämen mit ihrem Haushalt auch so durch. Die FDP dachte, sie könne Neuwahlen verhindern, ohne ihr Gesicht zu verlieren. Und die Union dachte, die FDP hätte alles im Griff."[18] Tatsächlich aber gingen vor allem CDU und Linke als Verlierer aus dem politischen Spiel hervor: Aus dem rot-grünen Minderheitskabinett wurde nach den Neuwahlen eine Mehrheitskoalition und die FDP konnte trotz ihrer äußerst schwachen Umfragewerte bei den Landtagswahlen im Mai 2012 ihr Ergebnis aus dem Jahre 2010 noch einmal um 1,9 Prozentpunkte verbessern und allen Erwartungen zum Trotz mit 8,6 Prozent den Wiedereinzug in den Landtag erreichen.

18 So urteilte SPIEGEL-Redakteur Roland Nelles nach dem Scheitern der rot-grünen Koalition; vgl. Nelles, Roland: Die miesesten Zocker Deutschlands, in: Spiegel Online, 14.03.2012, URL: http://www.spiegel.de/politik/deutschland/kommentar-zur-regierungskrise-in-nrw-a-821361.html (29. Januar 2013).

8. Zusammenfassung und Ausblick

Rund zweieinhalb Jahre sind vergangen, seit die rot-grüne Minderheitsregierung am Haushaltsgesetz 2012 gescheitert ist. Blickt man mit einiger zeitlicher Distanz auf diese zwanzig Monate währende Regierungszeit zurück, fällt das Fazit durchwachsen aus. Die Regierung konnte effizient regieren und wichtige Gesetzesvorhaben durchs Parlament bringen: den Haushalt 2011 und den Nachtrag zum Haushalt 2010 (zumindest, wenn man nur die legislativ-politische Seite berücksichtigt), den Schulkonsens und den Stärkungspakt Stadtfinanzen, die Abschaffung der Studiengebühren, die Einführung des islamischen Religionsunterrichtes und die Revision des Kinderbildungsgesetzes – auch das ein zentrales Wahlkampfthema und damit ein wichtiges Anliegen der rot-grünen Minderheitsregierung. Und doch musste sie in ihrer Legislaturperiode einige, teils herbe Rückschläge einstecken: das Veto des Oberverwaltungsgerichtes Münster, mit dem der Schulversuch zur Gemeinschaftsschule unterbunden wurde; das Urteil des Landesverfassungsgerichtes zum Nachtragshaushalt 2010; der Eklat bei der Gesetzgebung zur WestLB, als die SPD mit dem Pairing-Gebot brach und zu guter Letzt die gescheiterte Gesetzgebung zum Haushalt 2012, die das Ende der Minderheitsregierung bedeutete. Insgesamt aber blieb das Kabinett Kraft länger im Amt, als manche erwartet hatten; und doch nicht so lange, wie es ihm durchaus möglich gewesen wäre.

Da Minderheitssituationen die übliche Dialektik zwischen Regierung und Regierungsmehrheit in Teilen auflösen und so eine neue Verbindung zwischen Regierung und Opposition herbeiführen, richtet sich im politischen Entscheidungsprozess zwangsläufig der Fokus stärker als in Mehrheitssituationen auf die Oppositionsparteien. Sie halten nun die parlamentarische Mehrheit, sie können mithin den Gesetzgebungsprozess gegebenenfalls blockieren, nach ihrem Gutwillen diktieren und zu jeder Zeit, zumindest in Nordrhein-Westfalen, von ihrem Recht der Parlamentsauflösung mit absoluter Mehrheit Gebrauch machen. Dies alles taten CDU, FDP und Linkspartei während der Legislaturperiode des Minderheitskabinettes Kraft 2010-2012 nicht. Welche Antriebskräfte hielten die rot-grüne Regierung im Amt, woraus ergab sich ihr Handlungspotenzial, aus welchen Gründen hielten alle drei Oppositionsparteien das Minderheitskabinett Kraft mit wechselnden Mehrheiten im Amt? Diesen Fragen hat sich die vorliegende Studie aus theoretischer Perspektive und anhand von Fallanalysen gewidmet. Sie hat versucht, die Bestimmungsfaktoren für das Handeln von Regierung und Opposition zu untersuchen; sie hat die Performanz einer Minderheitsregierung in einem deutschen Regierungssystem analysiert und dabei vier Fallbeispiele herangezogen in ihrem Bestreben, zum besseren Verständnis der Regierungsweise von Minderheitskabinetten in Deutschland beizutragen. Welche Schlüsse lassen sich nun ziehen?

So lässt sich für Minderheitsregierungen in deutschen Regierungssystemen eine vorsichtige Minimalvoraussetzung für ihr Gelingen formulieren, solange das Wechselspiel zwischen Regierung und Opposition und das Parteiensystem als solches weiterhin vor allem durch Wettbewerb und Konkurrenz charakterisiert ist[1]: Da Minderheitskabinette in Deutschland nach wie vor Ausnahmen darstellen und oftmals so schnell wie möglich durch Mehrheitskonstellationen ersetzt werden sollen, ist für die Stabilität einer Minderheitsregierung weniger deren eigenes Geschick ausschlaggebend, sondern eher die Selbstwahrnehmung und Interpretation der Lage der Oppositionsparteien. Minderheitsregierungen können dann stabil und effizient regieren, wenn die oppositionellen Parteien, auf deren Unterstützung eine Minderheitsregierung zwangsläufig angewiesen ist, ihre Lage in Umfragen als derart schwach wahrnehmen, dass sie ein Scheitern der Regierung vermeiden wollen und damit freilich ihre legislative Unterstützung vorziehen werden. Dies führt letztlich zu einem eher widersprüchlichen Verhalten seitens der Opposition, die sich einer Minderheitsregierung unter entsprechenden Umständen gewissermaßen hingeben muss,

1 Lehmbruch, Gerhard: Parteienwettbewerb im Bundesstaat. Regelsysteme und Spannungslagen im politischen System der Bundesrepublik Deutschland, 3. Auflage, Wiesbaden 2000.

zugleich aber ihre Funktion als Oppositionspartei nicht vernachlässigen darf: Sie muss weiterhin Kritik üben an der Regierung, sie muss alternative Politikprogramme artikulieren und sie muss Bereitschaft zeigen, gegebenenfalls Regierungsverantwortung zu übernehmen. Sind die Umfragewerte der Opposition schlecht, ist dieses Dilemma kaum aufzuheben; dies hat sich vor allem bei wichtigen Entscheidungen gezeigt, bei der Wahl Krafts zur Ministerpräsidentin sowie bei den Haushaltsplänen 2011 und 2012. Da es sich bei dieser Analyse jedoch um eine Fallstudie handelt, die zu einem nicht unwesentlichen Teil aus der Rekonstruktion von einzelnen Gesetzgebungsprozessen besteht, sind ihre Ergebnisse nur bedingt generalisierbar. Die Interaktion zwischen einer Minderheitsregierung und der Opposition ändert sich grundlegend, sehen sich die Oppositionsparteien besseren Umfragewerten gegenüber, als dies in der hier untersuchten Legislaturperiode 2010 bis 2012 der Fall war.

Die schwachen Umfragewerte haben also die Minderheitsregierung zu jeder Zeit in der Legislaturperiode gestützt und hätten es vermutlich auch noch weiterhin getan, wenn alle beteiligten Akteure die Spielregeln der Haushaltsgesetzgebung richtig ge- oder erkannt hätten. Die rot-grüne Minderheitsregierung wäre wohl im Amt geblieben, denn wie die Landtagswahlergebnisse und dazugehörige Umfragen vermuten lassen, hätten sich die Umfragewerte von Liberalen und Linken nicht wesentlich verbessert. Und so titelte Pascal Beucker, Inlandskorrespondent der *taz*, zum Scheitern von SPD und Grünen durchaus treffend, die Koalition sei eher „aus Versehen am Ende"[2].

Das „Experiment Minderheitsregierung", wie die Legislaturperiode oft und in manchen Fällen despektierlich genannt worden ist, ist also gescheitert; und das kann einige Nachteile für die deutsche Politik bedeuten. Dass in absehbarer Zeit in einem deutschen Land, geschweige denn auf Bundesebene, noch einmal eine Minderheitsregierung formiert wird, ist kaum zu erwarten. Dabei kann es bereits in naher Zukunft zu Wahlkonstellationen kommen, in der eine Minderheitsregierung eine durchaus ernstzunehmende Alternative zu Mehrheitskoalitionen dar-

2 Beucker, Pascal: Aus Versehen am Ende, in: taz online, 14. März 2012, URL: http://www.taz.de/!89631/ (28. Januar 2013).

stellt. Da es hierzu wohl nicht kommen wird, droht der Regierungsbildung in der deutschen Politik Blockadepotenzial, wenn alle tradierten Muster der Regierungsbildung nicht greifen, wie es nach der nordrhein-westfälischen Landtagswahl 2010 der Fall war. Eine mögliche Minderheitskoalition aber ist dort und wohl auch auf absehbare Zeit auf Landesebene mit an Sicherheit grenzender Wahrscheinlichkeit ausgeschlossen. Es könnten Situationen drohen, die im englischen Sprachgebrauch als *deadlock* bezeichnet werden: eine Zeit des Stillstandes, in der sich keine konsensfähigen Mehrheitskoalitionen finden lassen.

Dabei können sich, wie gezeigt, Minderheitsregierungen durchaus als handlungsfähige alternative Regierungsformate erweisen.[3] Denn dass die Minderheitsregierung in der Lage war, ihre fehlende exekutive Mehrheit effizient auszugleichen, das haben die in dieser Arbeit untersuchten Fallbeispiele gezeigt. Allein, durch das Scheitern des Minderheitskabinetts Kraft ist die Gelegenheit verpasst worden, ein solches Regierungsformat als respektable Alternative zu Mehrheitskoalitionen zu präsentieren.

Dass die rot-grüne Minderheitsregierung „grandios gescheitert" ist, um noch einmal Hermann Gröhe zu Wort kommen zu lassen, ist nicht nur aus dieser als gouvernemental zu bezeichnenden Sicht eine ausgelassene Gelegenheit. Denn auch aus demokratietheoretischer Sicht stellt das Prinzip einer Minderheitsregierung ein interessantes Konzept dar, das näher zu betrachten und zu verfolgen sich lohnen würde. Eine Minderheitsregierung ist darauf angewiesen, auf andere Parteien zuzugehen, das Gespräch und die Verhandlung zu suchen, um Mehrheiten zu finden. Das übliche „Durchregieren" von Mehrheitskoalitionen ist nicht möglich. Themen, Inhalte und Gesetze

---

3 Vgl. Thomas: Regierungspraxis von Minderheitsregierungen, Thomas: Zur Handlungsfähigkeit von Minderheitsregierungen am Beispiel des „Magdeburger Modells"; siehe auch Preker, Alexander/Haas, Christoph M.: Flexibilität und Effektivität vor Stabilität. Ein Beitrag zur Diskussion von Minderheitsregierungen auf Bundesebene am Beispiel der Politischen Praxis Dänemarks, in: Zeitschrift für Politik 59 (2012), S. 453-483.

rücken wieder verstärkt in den Mittelpunkt des politischen und öffentlichen Diskurses.[4]

Damit bleibt die zwanzig Monate währende Legislaturperiode der rot-grünen Minderheitsregierung ein Versuch, auf die Herausforderungen eines Fünfparteiensystems zu reagieren, der gemeinhin als gescheitert angesehen wird. Dabei hat das Amtshandeln von SPD und Grünen gezeigt, dass eine Minderheitsregierung nicht grundsätzlich zum Scheitern verurteilt ist, zumal das Scheitern dieser Regierung eher als „Unfall" gesehen werden könnte und bei richtiger Lageeinschätzung nicht zwangsläufig zum Scheitern hätte führen müssen. So ist eine Minderheitsregierung vor allem dann stabil – und das ist weniger trivial, als es klingen mag –, wenn sie in ein sie stabilisierendes Umfeld gebettet ist. Ein solches Umfeld kann eine eher konsensuale politische Kultur darstellen, wie sie in den skandinavischen Ländern vorherrscht; ein solches Umfeld kann aber auch, und dies hat die rot-grüne Minderheitsregierung stabilisiert, zwangsweise durch schwache Umfragewerte und strategisches Verhalten der Oppositionsparteien entstehen. Je nach der weiteren Entwicklung des deutschen Parteiensystems wäre es zumindest durchaus wünschenswert, wenn die Option, eine Minderheitsregierung zu formieren, nicht grundsätzlich ausgeschlossen würde – auch wenn die Wahrscheinlichkeit, dass es dazu kommt, seit dem Scheitern des Minderheitskabinettes Kraft am 14. März 2012 nicht gestiegen ist.

4 Vgl. Klecha: Minderheitsregierungen in Deutschland, S. 233; Thomas: Zur Handlungsfähigkeit von Minderheitsregierungen am Beispiel des „Magdeburger Modells".

Literatur- und Quellenverzeichnis

Literatur

Bajohr, Stefan: Die nordrhein-westfälische Landtagswahl vom 13. Mai 2012. Von der Minderheit zur Mehrheit, in: Zeitschrift für Parlamentsfragen 43 (2012), S. 543-563.

Bargen, Jan Malte van: Die Rechtsstellung der Richterinnen und Richter in Deutschland – Teil 1, in: Deutsche Richterzeitung 88 (2010), S. 100-103.

—: Die Rechtsstellung der Richterinnen und Richter in Deutschland – Teil 2, in: Deutsche Richterzeitung 88 (2010), S. 133-136.

Bender, Marvin/Bianchi, Matthias/Jüschke, Andreas/Treibel, Jan: Der Duisburger NRW-Wahl-Index. Policy-Positionen der Parteien CDU, SPD, Grüne, FDP und Linke vor der Landtagswahl 2010 im Vergleich, Duisburg, 2010.

Berger, Peter: CDU bietet Schulgespräche an, in: Frankfurter Allgemeine Zeitung 151, 2. Juli 2011, S. 7.

—: Ernste Krise, in: Frankfurter Allgemeine Zeitung 145, 25. Juni 2011, S. 10.

—: Rot-Grün in Düsseldorf sucht Konsens mit CDU, in: Frankfurter Allgemeine Zeitung 146, 27. Juni 2011, S. 4.

—: Streit um Schulkonsensgespräch, in: Frankfurter Allgemeine Zeitung 142, 21. Juni 2011, S. 4.

Bergman, Torbjörn: Schweden: Minderheitsregierungen als Regel und Mehrheitskoalitionen als Ausnahme, in: Müller, Wolfgang C./Strøm, Kaare (Hg.): Koalitionsregierungen in Westeuropa. Bildung, Arbeitsweise und Beendigung, Wien 1997, 239-288.

Bertrams, Michael: Wegweisende Entscheidungen des nordrhein-westfälischen Verfassungsgerichtshofs aus den letzten beiden Jahrzehnten, in: Nordrhein-Westfälische Verwaltungsblätter 21 (2007), S. 366-375.

Beyme, Klaus von: Die parlamentarischen Regierungssysteme in Europa, München 1970.

Beyme, Klaus von: Der Gesetzgeber. Der Bundestag als Entscheidungszentrum, Opladen 1997.

Blum, Sonja/Schubert, Klaus: Politikfeldanalyse, 2. Auflage, Wiesbaden 2011

Brössler, Daniel/Dörries, Bernd/Höll, Susanne: Gabriel drängt Kraft zu Minderheits-Regierung, in: Süddeutsche Zeitung 134 (2010), S. 1.

Budge, Ian/Laver, Michael: Office Seeking and Policy Pursuit in Coalition Theory, in: Legislative Studies Quarterly 11 (1986), S. 485-506.

Busch, Jost-Dietrich: Geschäftsregierung und Regierungsbildung im Lande Nordrhein-Westfalen nach der Landtagswahl am 9. Mai 2010, in: Nordrhein-Westfälische Verwaltungsblätter 24 (2010), S. 373-378.

Debus, Marc: Parteienwettbewerb und Koalitionsbildung in den deutschen Bundesländern, in: Jun, Uwe/Haas, Melanie/ Niedermayer, Oskar (Hg.): Parteien und Parteiensysteme in den deutschen Ländern, Wiesbaden 2008, S. 57-78.

Decker, Frank: Koalitionsaussagen und Koalitionsbildung, in: Aus Politik und Zeitgeschichte 51 (2009), S. 20-26.

Dill, Benita/Fuhrin, Katharina/Pfister, René: Grünes Lob, schwarzer Frust, in: Der Spiegel 27, 4.7.2011, S. 40-41.

Dodd, Lawrence C.: Coalitions in Parliamentary Government, Princeton 1976.

Döring, Herbert: Time as a Scarce Resource. Government Control of the Agenda, in: ders. (Hg.): Parliaments and Majority Rule in Western Europe, Frankfurt/New York 1995, 223-246.

—: Worauf gründet sich die Agenda-Setzer-Macht einer Regierung? Theoretische und vergleichende Perspektiven auf den deutschen Fall, in: Ganghof, Steffen/Manow, Philip (Hg.): Mechanismen der Politik. Strategische Interaktion im deutschen Regierungssystem, Frankfurt/New York 2005, S. 109-148.

Dörries, Bernd: Das Lächeln stirbt zuletzt, in: Süddeutsche Zeitung 130, 10. Juni 2010, S. 6.

—: „Lähmender Schaukampf", in: Süddeutsche Zeitung 135, 16. Juni 2010, S. 6.

—: Linke bietet Tolerierung an, in: Süddeutsche Zeitung 128, 8. Juni 2010, S. 6.

Dörries, Bernd: „Versaut es nicht wieder“, in: Süddeutsche Zeitung 121, 29./30. Mai 2010, S. 8.

—: Suche nach dem Schulfrieden, in: Süddeutsche Zeitung 134, 11./12./13. Juni 2011, S. 6.

Dörries, Bernd/Nitschmann, Johannes: Alles auf Anfang, in: Süddeutsche Zeitung 132, 12./13. Juni 2010, S. 8.

—: Rot-rote Eiszeit, in: Süddeutsche Zeitung 114, 20. Mai 2010, S. 6.

Feist, Ursula/Hoffmann, Hans-Jürgen: Die nordrhein-westfälische Landtagswahl vom 9. Mai 2010: Vom Abwarten zur Kehrtwende, in: Zeitschrift für Parlamentsfragen 41, S. 766-787.

Finkelnburg, Michael: Die Minderheitsregierung im deutschen Staatsrecht, Berlin/New York 1982.

Flick, Martina: Landesverfassungsgerichtsbarkeit, in: Freitag, Markus/Vatter, Adrian (Hg.): Die Demokratien der deutschen Bundesländer. Politische Institutionen im Vergleich, Opladen/Farmington Hills 2008, S. 237-256.

Ganghof, Steffen/Manow, Philip: Mechanismen deutscher Politik, in: dies. (Hg.): Mechanismen der Politik. Strategische Interaktion im deutschen Regierungssystem, Frankfurt/New York 2005, S. 9-33.

Ganghof, Steffen/Stecker, Christian/Eppner, Sebastian/Heeß, Katja: Flexible und inklusive Mehrheiten? Eine Analyse der Gesetzgebung der Minderheitsregierung in NRW, in: Zeitschrift für Parlamentsfragen 43 (2012), S. 887-900.

Geißler, Gert: Schulgeschichte in Deutschland. Von den Anfängen bis in die Gegenwart, Frankfurt am Main u.a. 2011.

Hall, Peter A./Taylor, Rosemary C. R.: Political Science and the Three New Institutionalisms, in: Political Science 44 (1996), S. 936-957.

Heller, William B.: Making Policy Stick. Why the Government Gets What It Wants in Multiparty Parliaments, in: American Journal of Political Science 45 (2001), 780-798.

Hennis, Wilhelm: Auf dem Weg in den Parteienstaat. Aufsätze aus vier Jahrzehnten, Sttugart 1999.

Herzog, Roman: Art. 63, in: Maunz, Theodor/Dürig, Dieter (Hg.): Grundgesetz. Kommentar, 4 Bände, Bd. 4, Art. 28-69, München 1983, S. 1-25.

Hobsbawm, Eric J.: Nationen und Nationalismus. Mythos und Realität seit 1780, 3. Aufl., Frankfurt/New York 2005.

Hönnige, Christoph: Die Vertrauensfrage des Bundeskanzlers als Instrument der Agendakontrolle in vergleichender Perspektive, in: Ganghof, Christoph et al. (Hg.): Parlamente, Agendasetzung und Vetospieler. Festschrift für Herbert Döring, Wiesbaden 2009, S. 25-39.

—: The Electoral Connection: How the Pivotal Judge Affects Oppositional Success at European Constitutional Courts, in: West European Politics 32 (2009), S. 963-984.

Höppner, Reinhard: Acht unbequeme Jahre, Innenansichten des Magdeburger Modells, Halle/Saale 2003.

Jaeckle, Sebastian: Determinanten der Regierungsbeständigkeit in parlamentarischen Regierungssystemen, Diss., Freiburg 2010.

Jung, Ottmar: Der Hamburger Volksentscheid über die Primarschule am 18. Juli 2010, in: md magazin 87 (2010), S. 10-15.

Kennan, George Frost: The Decline of Bismarck's European Order. Franco-Russian Relations 1875-1890, Princeton 1979.

Klaus, Josef: Baustelle Gymnasium, in: Oberreuter, Heinrich (Hg.): Bildungspolitik im Umbruch, Zeitschrift für Politik, Sonderband 4, Baden-Baden 2011, S. 63-78.

Klecha, Stephan: Minderheitsregierungen in Deutschland, Hannover 2010.

—: Minderheitsregierungen und Wahlerfolge, in: Mitteilungen des Instituts für deutsches und internationales Parteienrecht und Parteienforschung 17 (2011), S. 29-42.

Kolb, Eberhard: Die Weimarer Republik, 7. Auflage, Oldenburg 2009.

Korte, Karl-Rudolf/Florack, Martin/Grunden, Timo: Regieren in Nordrhein-Westfalen. Strukturen, Stile und Entscheidungen 1990 bis 2006, Wiesbaden 2006.

Kropp, Sabine: Regieren in Koalitionen. Handlungsmuster und Entscheidungen in deutschen Länderregierungen, Wiesbaden 2001.

Laver, Michael/Schofield, Norman: Multiparty Government. The Politics of Coalition in Europe, Oxford u.a. 1990.

Laver, Michael/Shepsle, Kenneth: Making and Breaking Governments. Cabinets and Legislatures in Parliamentary Democracies, Cambridge 1996.

Lehmbruch, Gerhard: Parteienwettbewerb im Bundesstaat. Regelsysteme und Spannungslagen im politischen System der Bundesrepublik Deutschland, 3. Auflage, Wiesbaden 2000.

Leunig, Sven: Das Regierungssystem der deutschen Länder im Vergleich, Opladen u.a. 2007.

Lijphart, Arend: Patterns of Democracy. Government Forms and Performance in Thirty-Six Countries, New Haven/London 1999.

Linhart, Eric/Shikano, Susumu: Die Generierung von Parteipositionen aus vorverschlüsselten Wahlprogrammen für die Bundesrepublik Deutschland (1949-2002), Mannheimer Zentrum für Europäische Sozialforschung, Working Paper Nr. 98 (2007).

Luebbert, Gregory M.: Comparative Democracy. Policymaking and Governing Coalitions in Europe and Israel, New York 1986.

Mann, Thomas: Art. 76 (Zusammensetzung des VerfGH), in: Löwer, Wolfgang/ Tettinger, Peter J. (Hg.): Kommentar zur Verfassung des Landes Nordrhein Westfalen, Stuttgart 2002, S. 1022-1029.

Mayntz, Renate/Scharpf, Fritz W.: Der Ansatz des akteurzentrierten Institutionalismus, in: dies. (Hg.): Gesellschaftliche Selbstregelung und politische Steuerung, Frankfurt am Main/New York 1995, S. 39-72.

Müller, Wolfgang C./Strøm, Kaare: Schluß: Koalitionsregierungen und die Praxis des Regierens in Westeuropa, in: dies. (Hg.): Koalitionsregierungen in Westeuropa. Bildung, Arbeitsweise und Beendigung, Wien 1997, S. 705-749.

–: Political Parties and Hard Choices, in: dies. (Hg.): Policy, Office or Votes? How Political Parties in Western Europe Make Hard Decisions, Cambridge 1999, S. 1-35.

Narud, Hanne Marthe/Strøm, Kaare: Norwegen: Eine fragile Koalitionsordnung, in: Müller, Wolfgang C./Strøm, Kaare (Hg.): Koalitionsregierungen in Westeuropa. Bildung, Arbeitsweise und Beendigung, Wien 1997, S. 199-238.

Nash, John Forbes: The Bargaining Problem, in: Econometrica 18 (1950), S. 155-162.

Niederhafner, Stefan/Speth, Rudolf: Die Ministerialbürokratien in Deutschland – Vom Kellner zum Koch, in: Forschungsjournal Neue Soziale Bewegungen 17 (2004), S. 23-35.

Niedermayer, Oskar: Koalitionsbildung im Fünfparteiensystem: Die Landtagswahl in Nordrhein-Westfalen am 9. Mai und ihre Folgen, in: Gesellschaft, Wirtschaft, Politik 59 (2010), S. 345-354.

Nienhaus, Volker: Konsensuale Gesetzgebung im Deutschen Bundestag: Zahlen und Anmerkungen zur 7. bis 9. Wahlperiode, in: Zeitschrift für Parlamentsfragen 16 (1985), S. 163-169.

Nitschmann, Johannes/Leyendecker, Hans: Malefiz am Rhein, in: Süddeutsche Zeitung 107, 11. Mai 2010, S. 5.

Nohlen, Dieter: Wahlrecht und Parteiensystem, 6. Auflage, Opladen/Farmington Hills 2009.

Osterhammel, Jürgen: Die Verwandlung der Welt. Eine Geschichte des 19. Jahrhunderts, München 2011.

Pappi, Franz Urban/Seher, Nicole Michaele/Kurella, Anna-Sophie: Das Politikangebot deutscher Parteien bei den Bundestagswahlen 1976 im dimensionsweisen Vergleich. Gesamtskala und politikfeldspezifische Skalen, Mannheimer Zentrum für Europäische Sozialforschung, Working Paper Nr. 142 (2011).

Paudtke, Bernt: Das mehrheitsunfähige Parlament im Verfassungssystem des Grundgesetzes, Frankfurt am Main u.a. 2005.

Pieroth, Bodo/Barczak, Tristan: Die neue Gemeinschaftsschule am Maßstab der Schulversuchsklausel und der Hauptschulgarantie, in: Nordrhein-Westfälische Verwaltungsblätter 25 (2011), S. 121-127.

Powell, G. Bingham: Contemporary democracies: Participation, stability and violence, Cambridge 1982.

Prantl, Heribert: Festreden und fest treten – Die Politik und das Bundesverfassungsgericht, in: Deutsche Richterzeitung 87 (2009), S. 287.

—: Tag der Kraft, in: Süddeutsche Zeitung Nr. 160, 15. Juli 2010, S. 4.

Preker, Alexander/Haas, Christoph M.: Flexibilität und Effektivität vor Stabilität. Ein Beitrag zur Diskussion von Minderheitsregierungen auf Bundesebene am Beispiel der Politischen Praxis Dänemarks, in: Zeitschrift für Politik 59 (2012), S. 453-483.

Puhl, Thomas: Die Minderheitsregierung nach dem Grundgesetz, Berlin 1986.

Riker, William H.: The Theory of Political Coalitions, New Haven u.a. 1962.

Saalfeld, Thomas: Rational-Choice Theory in Legislative Studies: Model of Politics without Romanticism, in: The Journal of Legislative Studies 1 (1995), 32-64.

—: Vetospieler, Agendakontrolle und Kabinettstabilität in 17 westeuropäischen Parlamenten, in: Ganghof, Steffen/Hönnige, Christoph/Stecker, Christian (Hg.): Parlamente, Agendasetzung und Vetospieler. Festschrift für Herbert Döring, Wiesbaden 2009, S. 93-115.

—: Veto Players, Agenda Control and Cabinet Stability in 17 European Parliaments, 1949-1999, in: König, Thomas/Tsebelis, George/Debus, Marc (Hg.): Reform Process and Policy Change. Veto Players and Decision-Making in Modern Democracies, New York u.a. 2010, S. 125-143.

Schäfer, Armin: Mehr Mitsprache, aber nur für wenige? Direkte Demokratie und politische Gleichheit, in: Max-Planck-Institut für Gesellschaftsforschung, Jahrbuch 2011, S. 53-59.

Scharpf, Fritz W.: Interaktionsformen. Akteurzentrierter Institutionalismus in der Politikforschung, unveränderter Nachdruck der ersten Auflage, Wiesbaden 2006.

Schmoll, Heike: CDU sieht Zwei-Säulen-Modell spätestens 2020 verwirklicht, in: Frankfurter Allgemeine Zeitung 147, 28. Juni 2011, S. 1-2.

Schönenbroicher, Klaus: Artikel 52, in: Heusch, Andreas/Schönenbroicher, Klaus (Hg.): Die Landesverfassung Nordrhein-Westfalen. Ein Kommentar, Siegburg 2010, S. 430-438.

Schwanke, Katja/Ebinger Fal: Politisierung und Rollenverständnis der deutschen Administrativen Elite 1970 bis 2005 – Wandel trotz Kontinuität, in: Bogumil, Jörg/Jann, Werner/Nullmeier, Frank (Hg.): Politik und Verwaltung, Politische Vierteljahresschrift Sonderband 37, Wiesbaden 2006, S. 227-249.

Schwarz, Hans-Peter: Anmerkungen zu Adenauer, München 2007.

Seifert, Benjamin: Reformoptimismus und Bürgerwut. Das Volksbegehren gegen die „kooperative Schule" in Nordrhein-Westfalen, Stuttgart 2013.

Shepsle, Kenneth: Studying Institutions. Some Lessons from the Rational Choice Approach, in: Journal of Theoretical Politics 1 (1989), 131-147.

Strøm, Kaare: Minority Government and Majority Rule, Cambridge 1990.

Thomas, Sven: Regierungspraxis von Minderheitsregierungen, Das Beispiel des „Magdeburger Modells", Wiesbaden 2003.

—: Zur Handlungsfähigkeit von Minderheitsregierungen am Beispiel des „Magdeburger Modells", in: Zeitschrift für Parlamentsfragen 34 (2003), S. 792-806.

Tsebelis, George: Veto Players and Law Production, in: Döring, Herbert/Hallerberg, Mark: Patterns of Parliamentary Behavior. Passage of Legislation Across Western Europe, Aldershot 2004, S. 169-200.

—: Veto Players. How Political Institutions Work, New York/ New Haven 2002.

Walter, Franz/Werwath, Christian/d'Antonio, Oliver: Die CDU: Entstehung und Verfall christdemokratischer Geschlossenheit, Baden-Baden 2011.

Warwick, Paul V.: Government Survival in Parliamentary Democracies, Cambridge 1994.

Winands, Günter: Die „Gemeinschaftsschule" in Nordrhein-Westfalen. Grenzen eines Schulversuchs, in: Die öffentliche Verwaltung. Zeitschrift für öffentliches Recht und Verwaltungswissenschaft 64 (2011), S. 45-53.

Wolf, Frieder: Die Schulpolitik – Kernbestand der Kulturhoheit, in: Hildebrandt, Achim/Wolf, Frieder (Hg.): Die Politik der Bundesländer. Staatstätigkeit im Vergleich, Wiesbaden 2011, S. 21-41.

Onlinequellen

http://www.cdu-nrw.de/politik/archiv/meldungen/2055-100-tage-bilanz-der-minderheitsregierung-regierung-regiert-nicht.html (29. März 2013).

http://www.cdu-nrw.de/presse/pressemitteilungen/101-pressemitteilungen-von-andreas-krautscheid/1723-herr-gabriel-kaempfen-sie-offen-fuer-ihre-ueberzeugung-kraft-muss-zur-gemeinsamkeit-der-demokraten-zurueckkehren.html (9. April 2013).

http://www.derwesten.de/nachrichten/nrw-landtag-beschliesst-rot-gruenen-haushalt-2011-id4663503.html (29. Januar 2013).

http://www.derwesten.de/nachrichten/spd-und-union-wollen-derzeit-keine-wahlen-in-nrw-id4475203.html (29. Januar 2013).

http://www.derwesten.de/politik/ampelkoalition-in-nrw-rot-gruen-und-fdp-gehen-aufeinander-zu-id6421518.html (29. Januar 2013).

http://www.derwesten.de/politik/cdu-in-nrw-will-auch-gegen-haushalt-2011-klagen-id4660205.html (29. Januar 2013).

http://www.derwesten.de/politik/die-cdu-reicht-erneut-verfassungsklage-gegen-den-nrw-haushalt-ein-id4862199.html (29. Januar 2013).

http://www.derwesten.de/politik/kraft-droht-linken-mit-neuwahlen-in-nrw-id4247510.html (29. Januar 2013).

http://www.derwesten.de/politik/pinkwart-beendet-die-koalition-id3119112.html (17. April 2013).

http://www.derwesten.de/politik/rot-gruene-nrw-regierung-wegen-haushalt-vor-dem-aus-id6457005.html (29. Januar 2013).

http://www.derwesten.de/politik/schwere-niederlage-fuer-vorstand-der-linken-id4653108.html (29. Januar 2013).

http://www.infratest-dimap.de/umfragen-analysen/bundeslaender/nordrhein-westfalen/sonntagsfrage/ (10. April 2013).

http://www.it.nrw.de/presse/pressemitteilungen/2012/pres_154_12.html (29. Januar 2013).

http://www.nrw.de/meldungen-der-landesregierung/gemeinschaftsschulen-landesregierung-legt-beschwerde-ein-10751/ (02. Januar 2012).

http://www.spiegel.de/kultur/gesellschaft/bundestagswahl-merkel-sollte-eine-minderheitsregierung-bilden-a-924282.html (07. Oktober 2013).

http://www.spiegel.de/politik/deutschland/fdp-in-nrw-liberale-gehen-auf-schmusekurs-zu-rot-gruen-a-820187.html (28. Januar 2013).

http://www.spiegel.de/politik/deutschland/finanzfund-im-nrw-haushalt-der-geldsegen-von-duesseldorf-a-751494.html (22. Januar 2013).

http://www.spiegel.de/politik/deutschland/kommentar-zur-nrw-entscheidung-koalition-der-willigen-a-706469.html (23. April 2013).

http://www.spiegel.de/politik/deutschland/kommentar-zur-regierungskrise-in-nrw-a-821361.html (29. Januar 2013).

http://www.spiegel.de/politik/deutschland/minderheitsregierung-das-duesseldorfer-wackel-modell-a-701480.html (21. Oktober 2013).

http://www.spiegel.de/politik/deutschland/minderheitsregierung-in-nrw-linke-garantiert-abwahl-von-ruettgers-a-705499.html (19. Dezember 2012).

http://www.spiegel.de/politik/deutschland/nrw-kraft-droht-der-linken-mit-neuwahlen-a-743747.html (29. Januar 2013).

http://www.spiegel.de/politik/deutschland/nrw-minderheitsregierung-linke-sucht-machtprobe-mit-kraft-a-707087.html (9. April 2013).

http://www.spiegel.de/politik/deutschland/reaktionen-auf-die-neuwahlen-in-nordrhein-westfalen-a-821388.html (9. November 2012).

http://www.spiegel.de/politik/deutschland/rot-gruen-in-nrw-droht-das-vorzeitige-aus-a-821186.html (28. Januar 2013).

http://www.spiegel.de/politik/deutschland/verfassungswidriger-haushalt-cdu-und-spd-scheuen-nrw-neuwahl-a-751071.html (22. Januar 2013).

http://www.spiegel.de/politik/deutschland/verhandlung-ueber-nachtragsetat-rot-gruener-haushalt-droht-vor-gericht-zu-scheitern-a-745739.html (23. Januar 2013).

http://www.spiegel.de/politik/deutschland/wie-es-in-nrw-zu-neuwahlen-kam-a-821395.html (28. Januar 2013).

http://www.spiegel.de/spiegel/print/d-71029972.html (17. April 2013).

http://www.sueddeutsche.de/politik/nordrhein-westfalen-ruettgers-raetselhafte-reise-1.1036364 (22. Januar 2013).

http://www.sueddeutsche.de/politik/nrw-etat-cdu-und-fdp-klagen-gegen-rekordverschuldung-1.1037205 (22. Januar 2013).

http://www.sueddeutsche.de/politik/nrw-neuwahlen-wahrscheinlich-der-waehler-soll-es-richten-1.1069042 (22. Januar 2013).

http://www.sueddeutsche.de/politik/streit-um-haushalt-in-nordrhein-westfalen-rot-gruen-in-duesseldorf-koennte-scheitern-1.1308286 (29. Januar 2013).

http://www.stuttgarter-zeitung.de/inhalt.keine-minderheitsregierung-angela-merkel-sucht-koalitionspartner.d23680bb-1627-437d-9501-04d2e54ac409.html (07. Oktober 2013).

http://www.taz.de/!89631/ (28. Januar 2013).

http://www.westfaleninitiative.de/projekte/eigenverantwortung/dezentralisierung/verbundschule.html (17. Januar 2013).

http://www.zeit.de/politik/deutschland/2010-07/kraft-laumann-rot-gruen (29. März 2013).

http://www.zeit.de/politik/deutschland/2013-09/minderheitsregierung-merkel-essay (07. Oktober 2013).

Gerichtsurteile

Oberverwaltungsgericht Nordrhein-Westfalen, Beschluss vom 9. Juni 2011, Aktenzeichen: 19 B 478/11.

Oberverwaltungsgericht Nordrhein-Westfalen Beschluss vom 9. Juni 2011, Aktenzeichen: 19 B 479/11.

Verwaltungsgericht Aachen: Beschluss vom 15. Februar 2011, Aktenzeichen: 9 L 51/11.
Verwaltungsgericht Arnsberg: Beschluss vom 8. April 2011, Aktenzeichen: 10 L 141/11.
Verwaltungsgericht Arnsberg: Beschluss vom 8. April 2011, Aktenzeichen: 10 L 155/11.
Verfassungsgerichtshof für das Land Nordrhein-Westfalen: Urteil vom 15. März 2011, Aktenzeichen: VerfGH 20/10.
Verfassungsgerichtshof für das Land Nordrhein-Westfalen Az: Urteil vom 12. März 2013, Aktenzeichen VerfGH 7/11.

Koalitionsverträge und Wahlprogramme

NRW-SPD/Bündnis 90-Die Grünen NRW (2010): Nordrhein Westfalen 2010-2105: Zusammen für NRW, Düsseldorf.
CDU Nordrhein-Westfalen (2010): Neue Sicherheit und Solidarität Nordrhein-Westfalen 2020, Düsseldorf.
Die Linke Nordrhein-Westfalen (2010): Original sozial – konsequent solidarisch. Das Landeswahlprogramm 2010, Düsseldorf.
FDP Nordrhein-Westfalen (2010): Aufsteigerland NRW. Das Programm zur nordrhein-westfälischen Landtagswahl 2010, Düsseldorf.

Landtagsdokumente

Ausschussprotokolle

Ausschuss für Schule und Weiterbildung, Sitzung vom 12. Oktober 2011, Ausschussprotokoll 15/300.
Haushalts- und Finanzausschuss, 9. Sitzung, 4. November 2010, Ausschussprotokoll 15/57.
Haushalts- und Finanzausschuss, 25. Sitzung, 8. April 2011, Ausschussprotokoll 15/185.

Gesetzentwürfe und Entschließungsanträge

Entschließungsantrag der Fraktion der CDU, der Fraktion der SPD und der Fraktion Bündnis 90/Die Grünen, 20. Juli 2011, Schulkonsens auf den Weg bringen, Drucksache 15/2428.

Ergänzung der Landesregierung zu dem Gesetzentwurf der Landesregierung Drucksache 15/1000, 15. Februar 2011, Drucksache 15/1300.

Gesetzentwurf der Fraktion der CDU, der Fraktion der SPD und der Fraktion Bündnis 90/Die Grünen, Gesetz zur Weiterentwicklung der Schulstruktur in Nordrhein-Westfalen, 6. September 2011, Drucksache 15/2767.

Gesetzentwurf der Fraktion der CDU, Sechstes Gesetz zur Änderung des Schulgesetzes für das Land Nordrhein-Westfalen (6. Schulrechtsänderungsgesetz), 10. Mai 2011, Drucksache 15/1915.

Gesetzentwurf der Landesregierung, Gesetz über die Feststellung des Haushaltsplans des Landes Nordrhein-Westfalens für das Haushaltsjahr 2011, 15. Februar 2011, Drucksache 15/1000.

Gesetzentwurf der Landesregierung, Gesetz über die Feststellung des Haushaltsplans des Landes Nordrhein-Westfalen für das Haushaltsjahr 2012, 8. Dezember 2011, Drucksache 15/3400.

Gesetzentwurf der Landesregierung, Gesetz über die Feststellung eines Nachtrags zum Haushaltsplan des Landes Nordrhein-Westfalen für das Haushaltsjahr 2010, 21. September 2010 Drucksache 15/200.

Plenarprotokolle

9. Plenarsitzung, 29. September 2010, Plenarprotokoll 15/9.
25. Plenarsitzung, 23. Februar 2011, Plenarprotokoll 15/25.
34. Plenarsitzung, 18. Mai 2011, Plenarprotokoll 15/34.
41. Plenarsitzung, 9. September 2011, Plenarprotokoll 15/41.
57. Plenarsitzung, 14. März 2012, Plenarprotokoll 15/57.

Anhang

Liste der als Schlüsselentscheidungen eingestuften Gesetze

Viertes Gesetz zur Änderung des Schulgesetzes für das Land Nordrhein-Westfalen (4. Schulrechtsänderungsgesetz)

Gesetz über die Feststellung eines Nachtrags zum Haushaltsplan des Landes Nordrhein-Westfalen für das Haushaltsjahr 2010 (Nachtragshaushaltsgesetz 2010)

Gesetz zur Vitalisierung des Gemeindewirtschaftsrechts

Gesetz zur Verbesserung von Chancengleichheit beim Hochschulzugang in Nordrhein-Westfalen

Fünftes Gesetz zur Änderung des Schulgesetzes für das Land Nordrhein-Westfalen (5. Schulrechtsänderungsgesetz)

Gesetz zur Wiedereinführung der Stichwahl

Gesetz über die Feststellung des Haushaltsplans des Landes Nordrhein-Westfalen für das Haushaltsjahr 2011 (Haushaltsgesetz 2011)

Gesetz zur Änderung des §76 der Gemeindeordnung Nordrhein-Westfalen

Gesetz zur Änderung des Landespersonalvertretungsgesetzes und des WDR-Gesetzes

Gesetz zur Weiterentwicklung der Schulstruktur in Nordrhein-Westfalen (6. Schulrechtsänderungsgesetz)

Gesetz zur Änderung der Verfassung für das Land Nordrhein-Westfalen

Gesetz zur Unterstützung der kommunalen Haushaltskonsolidierung im Rahmen des Stärkungspakts Stadtfinanzen (Stärkungspaktgesetz)

Gesetz zur Einführung von islamischem Religionsunterricht als ordentliches Unterrichtsfach (7. Schulrechtsänderungsgesetz)

Gesetz über die Sicherung von Tariftreue und Sozialstandards sowie fairen Wettbewerb bei der Vergabe öffentlicher Aufträge (Tariftreue- und Vergabegesetz Nordrhein-Westfalen)

Gesetz zur Erleichterung von Volksbegehren

GÖTTINGER JUNGE FORSCHUNG

Schriftenreihe des Göttinger Instituts für Demokratieforschung

Herausgegeben von Dr. Robert Lorenz und Dr. Matthias Micus

ISSN 2190-2305

1 *Stine Harm*
Bürger oder Genossen?
Carlo Schmid und Hedwig Wachenheim - Sozialdemokraten trotz bürgerlicher Herkunft
ISBN 978-3-8382-0104-7

2 *Benjamin Seifert*
Träume vom modernen Deutschland
Horst Ehmke, Reimut Jochimsen und die Planung des Politischen in der ersten Regierung Willy Brandts
ISBN 978-3-8382-0105-4

3 *Robert Lorenz*
Siegfried Balke
Grenzgänger zwischen Wirtschaft und Politik in der Ära Adenauer
ISBN 978-3-8382-0137-5

4 *Johanna Klatt*
Rita Süssmuth
Politische Karriere einer Seiteneinsteigerin in der Ära Kohl
ISBN 978-3-8382-0150-4

5 *Bettina Munimus*
Heide Simonis
Aufstieg und Fall der ersten Ministerpräsidentin Deutschlands
Mit einem Geleitwort von Heide Simonis
ISBN 978-3-8382-0170-2

6 *Michael Lühmann*
Der Osten im Westen – oder: Wie viel DDR steckt in Angela Merkel, Matthias Platzeck und Wolfgang Thierse?
Versuch einer Kollektivbiographie
ISBN 978-3-8382-0138-2

7 *Frauke Nicola Schulz*
„Im Zweifel für die Freiheit“
Aufstieg und Fall des Seiteneinsteigers Werner Maihofer in der FDP
ISBN 978-3-8382-0111-5

8 *Daniela Kallinich*
Nicolas Sarkozy
Vom Außenseiter zum Präsidenten
ISBN 978-3-8382-0122-1

9 *Sebastian Kohlmann*
Franz Müntefering
Eine politische Biographie
ISBN 978-3-8382-0236-5

10 *Ralf Schönfeld*
Kanzleramtschefs im vereinten Deutschland Friedrich Bohl, Frank-Walter Steinmeier und Thomas de Maizière im Vergleich
ISBN 978-3-8382-0116-0

11 *Lars Geiges*
Fußball in der Arbeiter-, Turn- und Sportbewegung
Ein zum Scheitern verurteiltes Spiel?
ISBN 978-3-8382-0225-9

12 *Jens Gmeiner*
Abschied von der sozialdemokratischen Hochburg Schweden?
Herausforderungen, Reformen und Perspektiven der schwedischen Sozialdemokratie nach dem Machtverlust 2006
ISBN 978-3-8382-0411-6

13 *Klaudia Hanisch*
Links in Polen
Krytyka Polityczna und die Tradition der osteuropäischen Intelligenz
ISBN 978-3-8382-0433-8

14 *Bastian Brandau*
Fünf Sterne gegen Berlusconi
Das *Movimento 5 Stelle* und sein Weg in die italienische Politik
ISBN 978-3-8382-0488-9

15 *Christin Leistner*
Gerd Poppe
Ein unangepasstes Leben in der DDR
ISBN 978-3-8382-0500-7

16 *Miriam Zimmer*
Assimilation und religiöse Organisation
Eine organisationssoziologische Studie zu Überlebensstrategien ethnischer Kirchen
ISBN 978-3-8382-0502-1

17 *Michael Schlieben*
Politische Karrieren in der Bundesrepublik
Studien über Aufstieg und Scheitern
ISBN 978-3-8382-0517-5

18 *Jonas Rugenstein*
Nach der günstigen Gelegenheit
Die Entwicklung der LINKEN in Westdeutschland nach 2009
ISBN 978-3-8382-0528-1

19 *Benjamin Seifert*
Reformoptimismus und Bürgerwut
Das Volksbegehren gegen die "kooperative Schule" in Nordrhein-Westfalen
ISBN 978-3-8382-0555-7

20 *Sören Messinger, Yvonne Wypchol*
Moderne CDU?
Programmatischer Wandel in der Schul- und Familienpolitik
ISBN 978-3-8382-0536-6

21 *Christoph Hoeft*
Narration in der Krise
Zum Wandel des sozialdemokratischen Wohlfahrtsstaatsdiskurses in Schweden
ISBN 978-3-8382-0523-6

22 *Christian Werwath*
Der niedersächsische Ministerpräsident Ernst Albrecht (1976-1990)
Annäherung an einen Unnahbaren
Politische Führung in Niedersachsen
ISBN 978-3-8382-0704-9

23 *Daniel Morfeld*
Regieren im Vielparteiensystem
Das Minderheitskabinett Kraft 2010-2012
in Nordrhein-Westfalen
ISBN 978-3-8382-0742-1

***ibidem*-Verlag**

Melchiorstr. 15

D-70439 Stuttgart

info@ibidem-verlag.de

www.ibidem-verlag.de
www.ibidem.eu
www.edition-noema.de
www.autorenbetreuung.de

FSC
www.fsc.org
MIX
Papier | Fördert gute Waldnutzung
FSC® C083411

Zeitfracht Medien GmbH
Ferdinand-Jühlke-Straße 7
99095 Erfurt, Deutschland
produktsicherheit@kolibri360.de